Konrad Frey: Haus Zankel

jovis

Konrad Frey: Haus Zankel

Experiment Solararchitektur

Anselm Wagner/Ingrid Böck [Hg.]

architektur + analyse 2

jovis

Abkürzungen:

AKF: Privatarchiv Konrad Frey, Hart bei Graz

Anselm Wagner/Ingrid Böck

VORWORT

Das Haus Zankel im französischen Prévessin bei Genf, von 1976 bis 1985 vom Grazer Architekten Konrad Frey in enger Kooperation mit dem CERN-Physiker Karl Zankel für dessen Familie geplant und errichtet, ist das Produkt einer kongenialen Partnerschaft, wie sie in der Architektur nur selten vorkommt: Architekten und Bauherrn vereinte dieselbe Freude am risikoreichen Experiment, am Erfinden von Prototypen und Perfektionieren einer Idee, durch die ein Projekt zum Lebensinhalt und ein Bauwerk zum Kunstwerk werden kann. Trotz dieses Gleichklangs entbehrt das Ergebnis aber jeglicher Eindimensionalität; vielmehr lässt sich das Haus Zankel nur in Gegensätzen beschreiben: expressive Raumskulptur und experimentelles Solarlabor, repräsentative Gesellschaftsbühne und alternatives Kinderhaus, postmoderne Collage und technoide Wohnmaschine, manieristische *folie* und ländlicher *shelter* – mit zwangloser Leichtigkeit reflektiert das Haus Zankel die Widersprüche seiner Zeit. Der Ideenreichtum, der in jeden Raum, in jedes Detail gesteckt worden ist, führt nie zu selbstzweckhaften Gesten, sondern folgt stets einer funktionalen Logik und Ökonomie der Mittel. Am wichtigsten scheint uns aber, dass das Haus Zankel kein architektonisches Gesamtkunstwerk geworden ist, das den NutzerInnen keinen Freiraum mehr lässt: Das Provisorische, ja Unfertige, aber auch das Scheitern gehören ebenso zu seinem Programm wie das gestalterische Feuerwerk auf engstem Raum. Umso verwunderlicher, dass dieses einzigartige Gebäude bislang keine nennenswerte Rezeption in der Architekturkritik gefunden hat – es ist das unbekannte Meisterwerk der „Grazer Schule".

Der vorliegende Band stellt die stark überarbeitete und gekürzte Version einer in wenigen Exemplaren vor zwei Jahren im Selbstverlag herausgegebenen Publikation dar, welche die Ergebnisse einer Projektübung des Masterstudiums Architektur versammelt, die im Wintersemester 2010/11 am akk, dem Institut für Architekturtheorie, Kunst- und Kulturwissenschaften der TU Graz, stattgefunden hat.
Wegen der enormen Reichhaltigkeit des Untersuchungsgegenstandes konnte dieses Projekt nur durch das außerordentliche Engagement aller Beteiligten realisiert werden. Unser Dank gilt an erster Stelle den überaus motivierten Studierenden, die sich den Mühen eines *close reading* und des Erstellens von Texten, Plänen und Modellen unterzogen haben. Der Architekturkritikerin Karin Tschavgova sei für ihren historischen und theoretischen Input gedankt, den sie in zwei begleitenden Seminaren vermittelt hat. Die StudienassistentInnen des akk, Michaela Böllstorf, Florian Engelhardt, Elisabeth Gaenge, Johannes Leitich, Toni Levak, Nedžad Šabanović, Philipp Schörkhuber, Ramona Winkler und Claudia Wrumnig, haben die Digitalisierung des gesamten Text-, Bild- und Planmaterials sowie auch die grafische Umsetzung des vorliegenden Buches bewerkstelligt. Ohne die großzügige Förderung des Dekanats der Architekturfakultät und des Rektorats der TU Graz wären dies und der Druck des vorliegenden Buches nicht möglich gewesen.
Für die vertrauensvolle und gastfreundliche Öffnung ihres Hauses, die Erteilung aller nur erdenklichen Auskünfte und die Unterstützung dieser Publikation sind wir Karl und Helga Zankel zu größtem Dank verpflichtet. So konnten wir das derzeit leerstehende Gebäude im Oktober 2010 unbehelligt vier Tage lang einer sorgfältigen Analyse unterziehen. Clemens Zankel, dem Sohn des Bauherrn, und Helmuth Fritz, einem seiner Mitarbeiter beim Bau, verdanken wir die Mitteilung persönlicher Erinnerungen und die Einsicht in aufschlussreiche Dokumente.
Der allergrößte Dank gilt aber Konrad Frey, ohne den dieses Projekt niemals hätte zustande kommen können. Er hat nicht nur sein umfangreiches Archiv zur Verfügung gestellt, sondern auch nahezu die gesamte Lehrveranstaltung in Graz und Genf persönlich begleitet und entscheidend geprägt. Sein Scharfsinn, Enthusiasmus und Esprit, aber auch sein selbstkritischer Geist bildeten in gewisser Weise die Seele des Projekts. Diesem großartigen Architekten, Lehrer und Freund sei dieses Buch gewidmet.

Graz, im Mai 2013

Felix Zankel

FOTOESSAY

(1) Blick ins Atrium von Süden
Foto: F. Zankel, 2010

(2) Nordansicht
Foto: F. Zankel, 2010

(3) Südansicht
Foto: F. Zankel, 2010

(4) Gesamtansicht des Atriums von Süden
Foto: F. Zankel, 2010

(5) Detail des Atriumfensters
Foto: F. Zankel, 2010

(6) Brücke im 2. Obergeschoss, Blick Richtung Osten
Foto: F. Zankel, 2010

(7) Brunnen im Atrium
Foto: F. Zankel, 2010

(8) Treppenauge, Treppe im Familientrakt
Foto: F. Zankel, 2010

(9) Geländer, Treppe im Familientrakt
Foto: F. Zankel, 2010

(10) Bad des Gästetrakts
Foto: F. Zankel, 2010

(11) Innenansicht des „Salettls"
Foto: F. Zankel, 2010

(12) Gästezimmer im 1. Obergeschoss
Foto: F. Zankel, 2010

(1)

(2)

(3)

(4)

(5)

(6)

(7)

(8)

(9)

(10)

(11)

(12)

Michaela Böllstorf/Stephan Schmidt

PLÄNE UND MODELLE

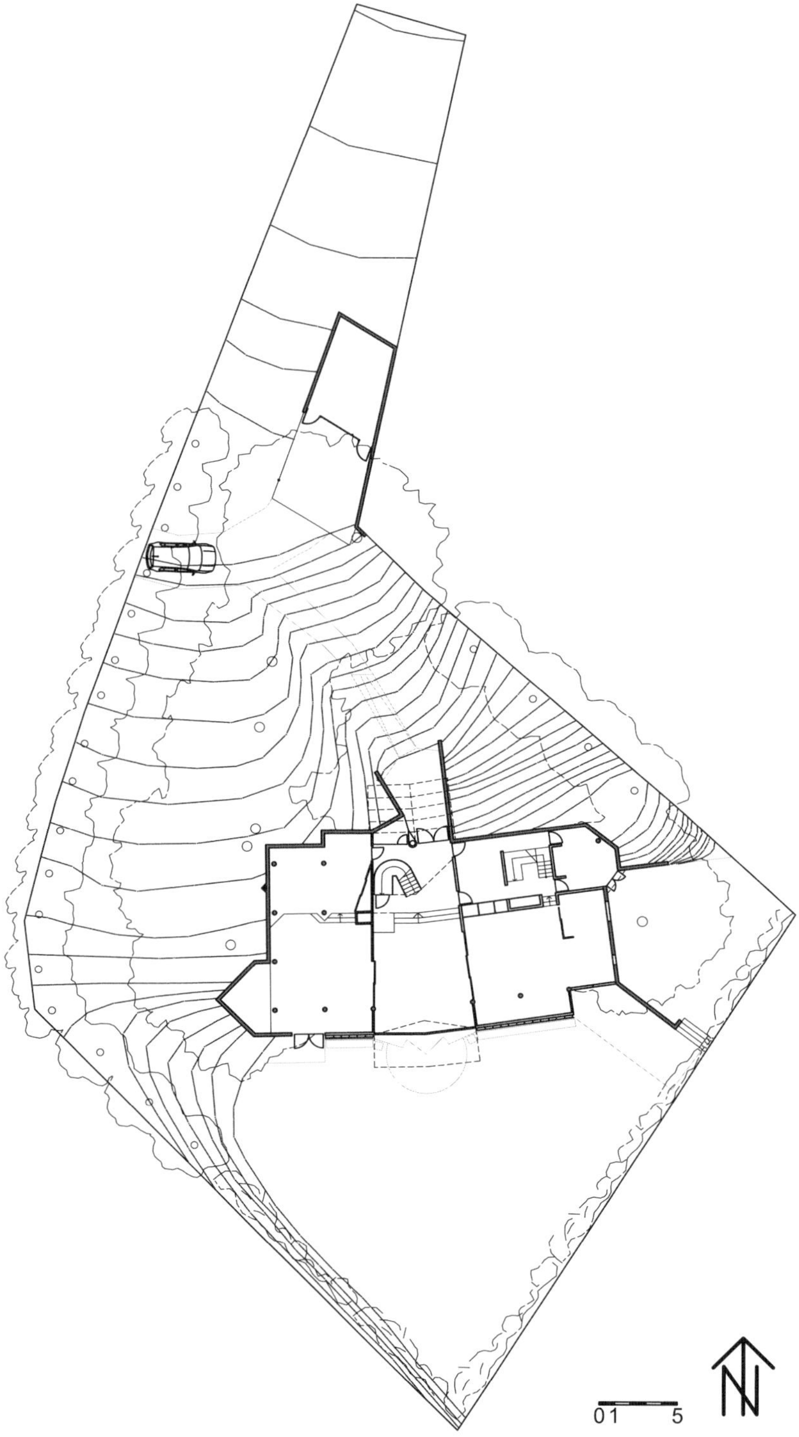

(13)

(14)

(15)

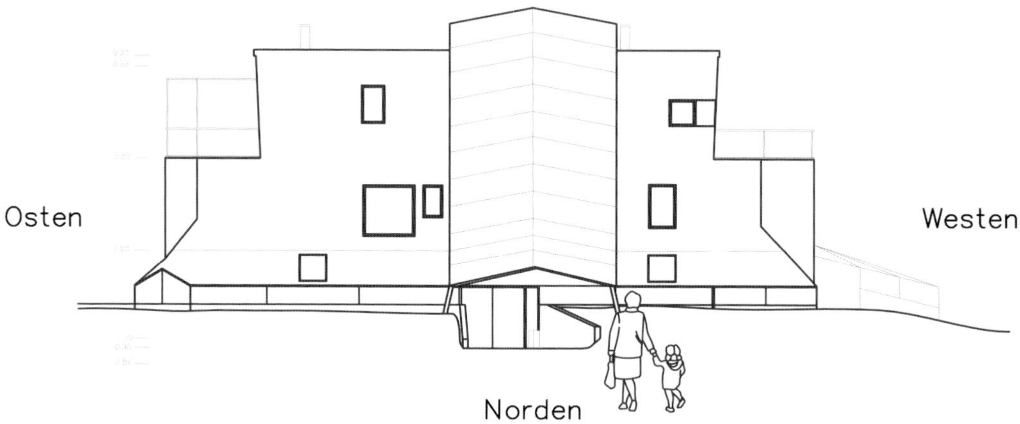

(16)

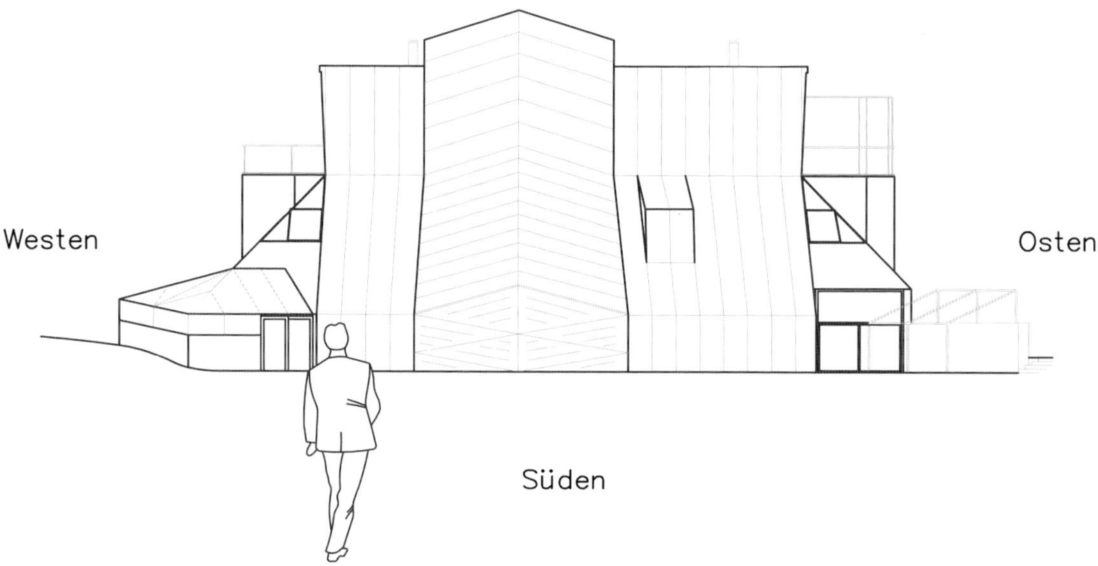

(17)

(18)

(19)

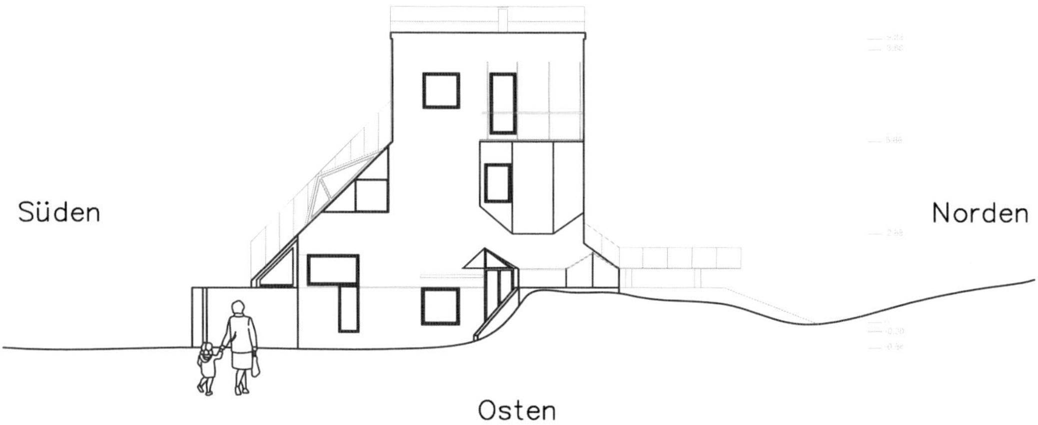

(20)

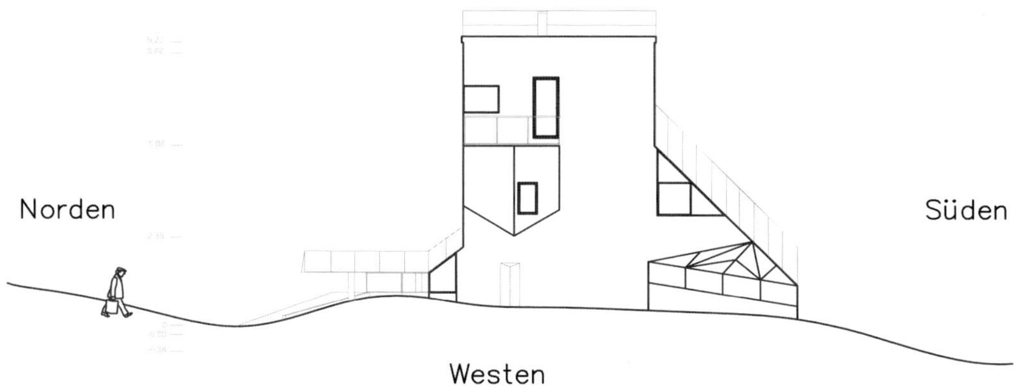

(21)

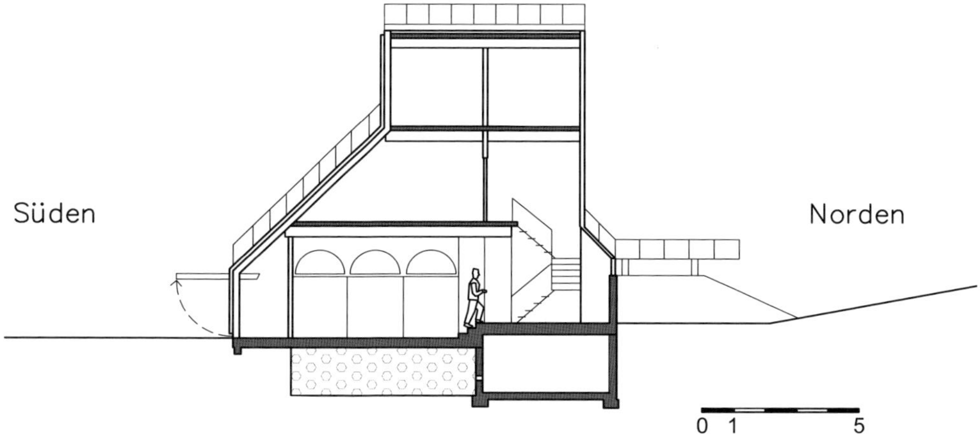

(22)

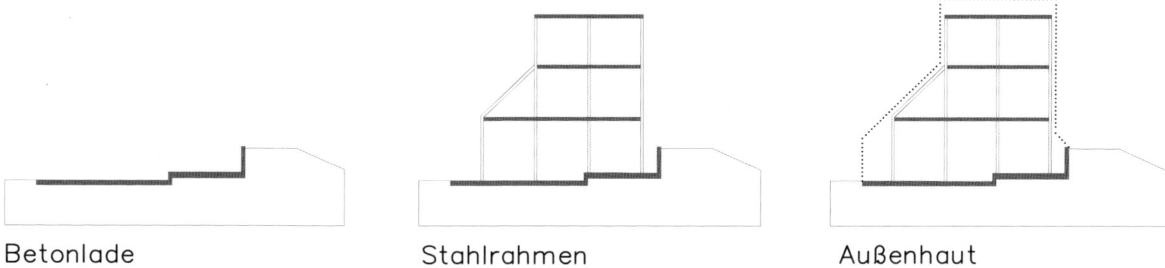

(23)

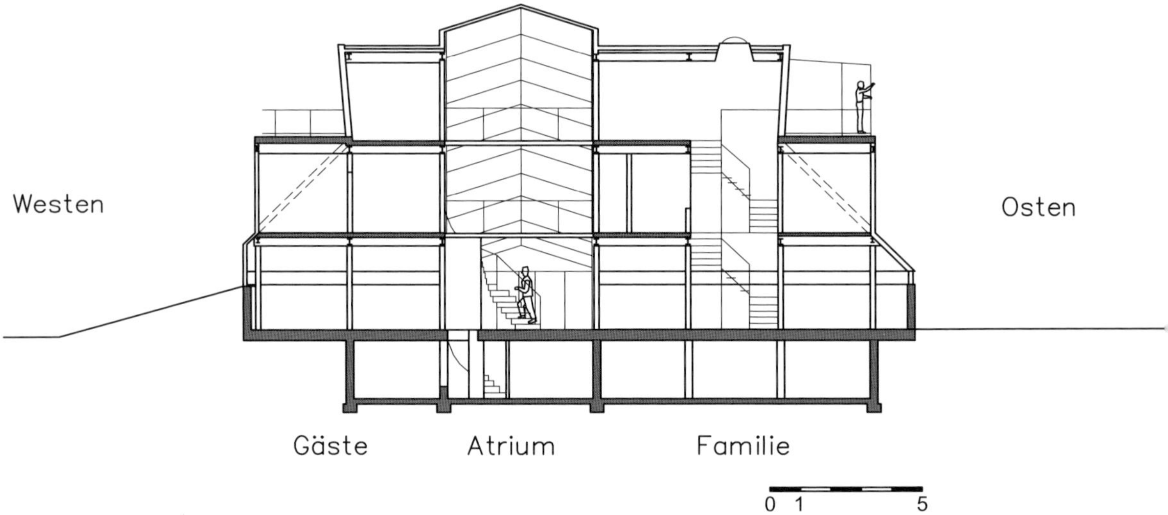

(24)

(25)

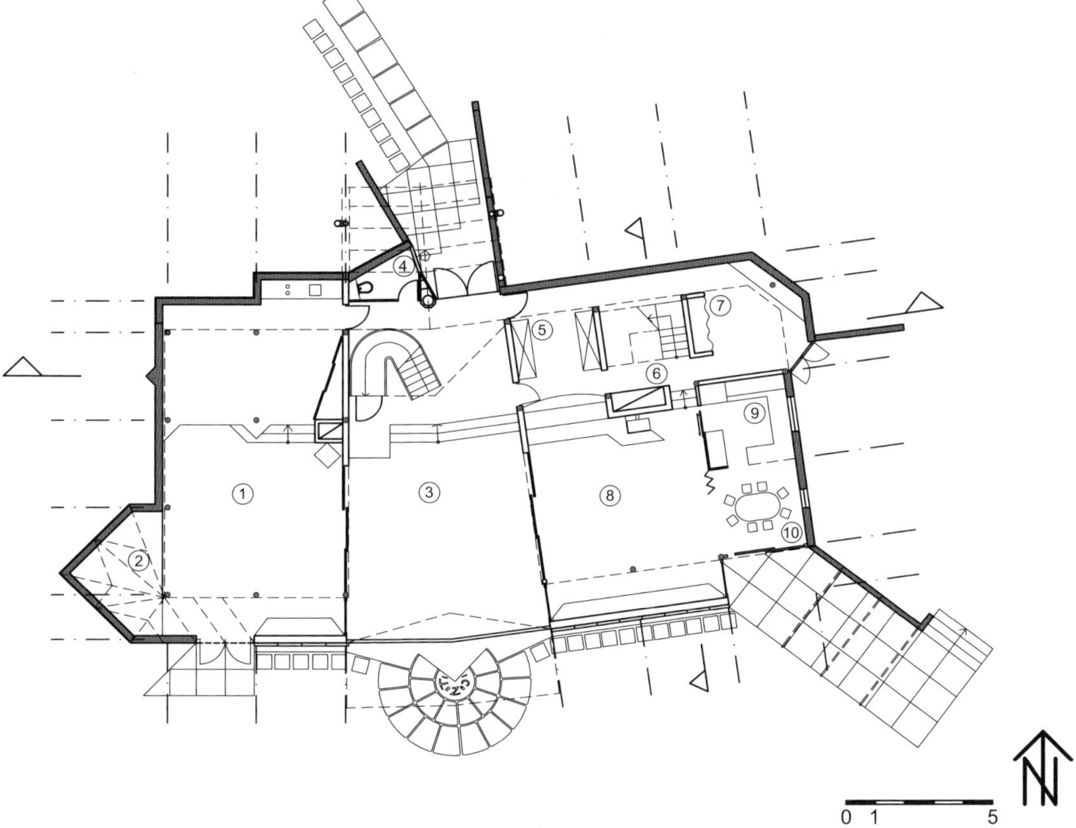

Grundriss Erdgeschoss

1	Gästewohnhalle	6	Treppenhaus
2	„Salettl"	7	Wirtschaftsraum
3	Atrium	8	Séjour
4	WC	9	Küche
5	Garderobe	10	Essbereich

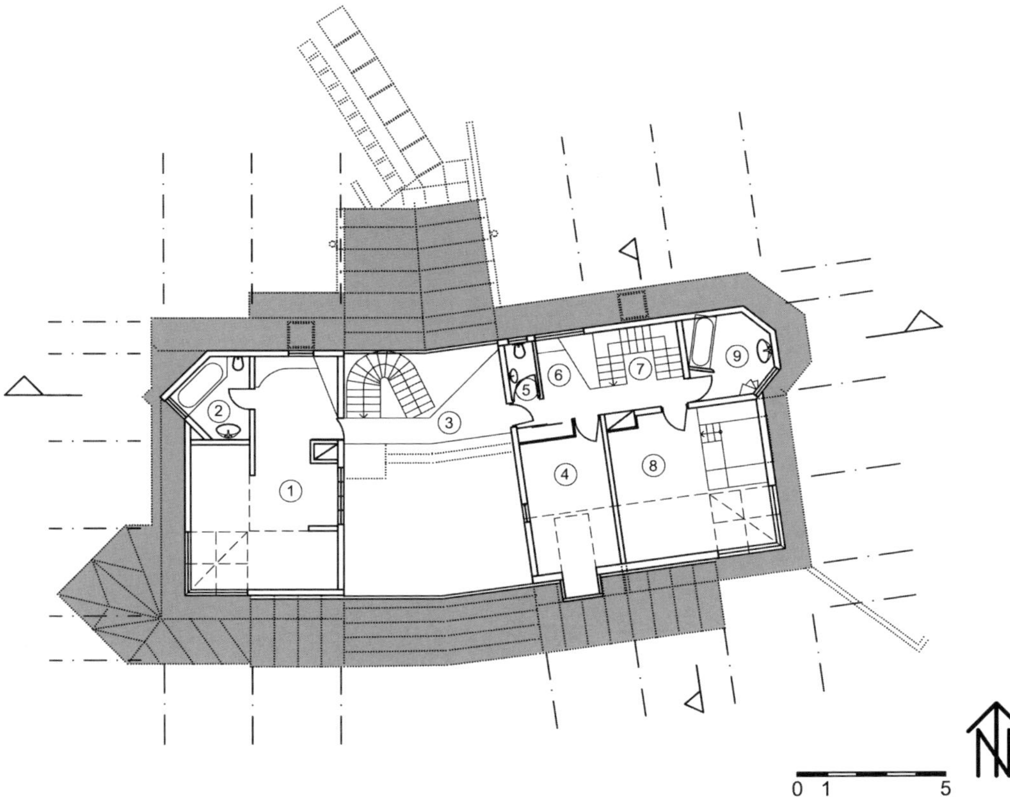

Grundriss 1. Obergeschoss

1	Gästezimmer	6	Arbeitsbereich
2	Gästebad	7	Treppenhaus
3	Brücke	8	Elternschlafzimmer
4	Kinderschlafzimmer	9	Familienbad
5	WC		

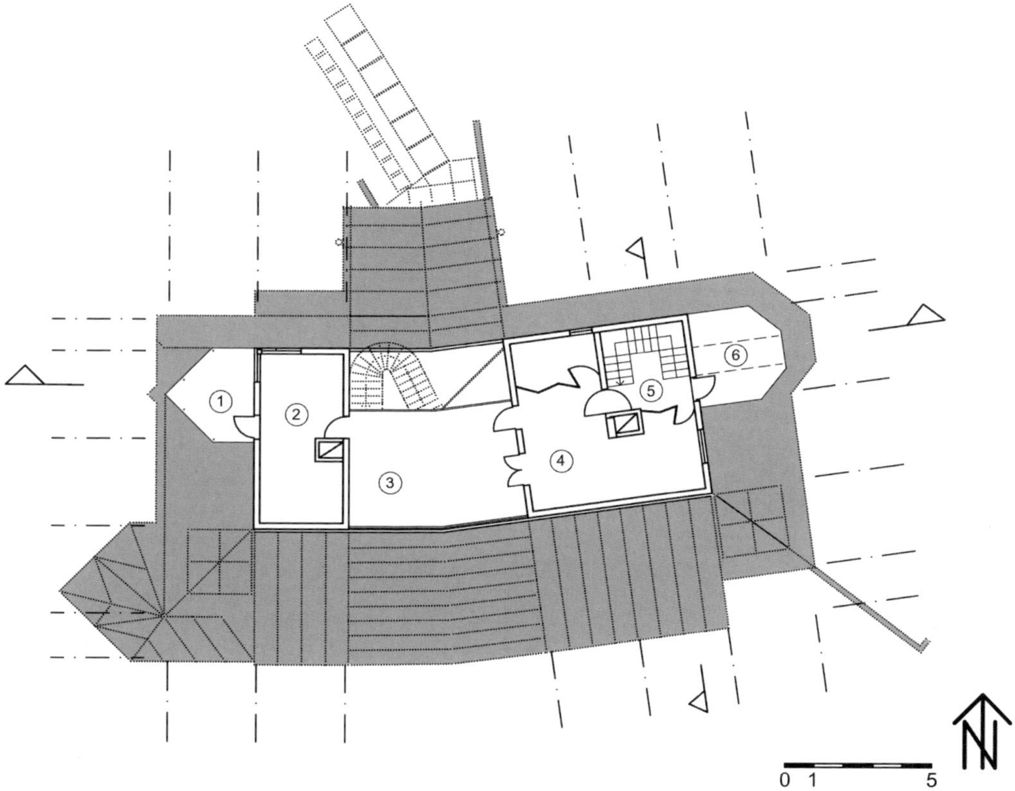

Grundriss 2. Obergeschoss

1	Terrasse	4	Kinderzimmer
2	Gästezimmer	5	Treppenhaus
3	Brücke	6	Terrasse

Anselm Wagner[1]

RUNDGANG

Grundstück, Raumorganisation und Konstruktion

Das Wohnhaus der Familie Zankel im französischen Prévessin-Moëns unweit von Genf wurde 1976–1978 vom Grazer Architekten Konrad Frey auf Wunsch des Bauherrn, des CERN-Physikers Karl Zankel, als „Sonnenhaus" geplant und bis 1985 fertiggestellt. Es befindet sich auf einem annähernd rautenförmigen, nach Süden leicht abfallenden Grundstück (→**13**,→**14**) und war ursprünglich von freien Feldern umgeben, mit Blick auf das Juragebirge im Nordwesten und den Genfer See im Osten. Das Gebäude erstreckt sich in Ost-West-Richtung, um zwecks einer optimalen Ausnutzung der Solarenergie eine möglichst breite Südfront ausbilden zu können. Die Erschließung des Wohngebäudes sowie die Einfahrt zur nördlich gelegenen Garage erfolgt von der nordwestlichen Ecke, wo der Chemin de Pré de Planche entlang des Grundstücks in Nord-Süd-Richtung verläuft. Mit der Eingangsfront im Norden, hinter der vorwiegend Wirtschaftsräume untergebracht sind, und der Gartenfront mit den Wohnräumen im Süden teilt der Bau das Grundstück in zwei Teile. Karl Zankel wünschte, dass sein Haus „in Harmonie mit den vorhandenen alten Bäumen auf dem Grundstück stehen"[2] sollte, was Frey genau befolgte. Eingefügt in den alten Baumbestand, besitzt das Haus keine repräsentative Stra-

[1] Der vorliegende Aufsatz beruht auf Seminartexten, die von Marlene Bartelme, Michaela Böllstorf, Edvin Bufi, Florian Engelhardt, Patricia Fischer, John Hanna, Wolfgang Horn, Toni Levak, Stefan Petrovic, Alexandra Prömer, Ina Rebhandl, Stephan Schmidt, Martin Schnabel und Verena Schulter im Zuge der Projektübung „Konrad Frey, Haus Zankel" im Wintersemester 2010/11 an der TU Graz verfasst und vom Autor stark überarbeitet, ergänzt und gekürzt worden sind.

[2] Karl Zankel, Versuch für das Programm des Babenheims (Bh.), Manuskript, ca. 1976, 2, AKF.

(29) Ansicht von Nordosten (Foto: P. Eder, 1985), AKF.

ßenfassade, sondern es wird vielmehr die Eingangsfront als „Rückseite“ und die Südfront als „Vorderseite“ wahrgenommen.
Heute ist das Grundstück vollkommen von Bäumen und dichten Sträuchern umschlossen und die Umgebung dicht verbaut (→**2**), wodurch das Gebäude nicht mehr aus der Ferne als Ganzes betrachtet werden kann. Frühe Aufnahmen hingegen zeigen den repräsentativen Charakter des Hauses, wie beispielsweise den offenen Eingangsbereich, da im Nordosten ein weites Feld (→**29**,→**36**) angrenzte, welches das Grundstück mit reichlich Sonnenlicht versorgte und daher viel größer und einladender wirken ließ.
Das Haus verfügt über drei Ebenen und gliedert sich in den Familientrakt im Osten und den Gästetrakt im Westen (→**24**,→**25**), welche durch das hallenförmige, dreigeschossige Atrium in der Mitte erschlossen werden. Im geometrischen Zentrum des Atriums weist die Ost-West-Achse einen leichten Knick auf und öffnet den Raum trichterförmig nach Süden, sodass beide Trakte wie Flügel wirken (→**26**,→**27**,→**28**). Diese formale Differenzierung nimmt die zahlreichen Abweichungen vom rechten Winkel im Innenraum vorweg und trägt mit zur expressiven Raumwirkung bei. Die Weitung des Hauses Richtung Süden wird durch die natürliche Geländeneigung und den längs durch das Erdgeschoss verlaufenden Niveausprung noch weiter verstärkt, wodurch ein bühnenartiger Effekt entsteht. Frey erzeugt eine

Sogwirkung, betont die als Sonnenkollektor ausgebildete Südfront (→**3**,→**17**,→**19**) und damit die Entwurfsidee des „Sonnenhauses".
An den beiden Schmalseiten des Baus befinden sich im Erdgeschoss zwei Vorsprünge, der Wirtschaftsraum im Osten und das sogenannte „Salettl" im Westen (→**26**). Im ersten Obergeschoss setzen sich diese beiden erkerartigen Auskragungen in Form der beiden Badezimmer fort, deren Dächer im zweiten Obergeschoss als Terrassen ausgebildet sind (→**27**,→**28**). Diese Rücksprünge werden mit Ausnahme der beiden „Badezimmererker" jeweils von Dachschrägen überbrückt, sodass auf das breit angelegte Erdgeschoss mit offenen

(30) Rohbau von Süden (Foto: K. Frey, April 1981), AKF

Wohn-, Koch- und Essbereichen ein kleineres erstes Obergeschoss mit Schlafräumen und Badezimmern folgt, während das zweite Obergeschoss nur jeweils aus einem Raum pro Trakt gebildet wird (→**25**).
Auf diese Weise verbindet Frey moderne und traditionelle Elementen, so folgen beispielsweise der freie Grundriss, das Flachdach und die Terrassierung der Moderne, während die „Erker", Dachschrägen, pittoresken Vorsprünge und die annähernd symmetrische Konzeption mit dem theatralischen Atrium eine historische Formensprache aufnehmen – was insgesamt eine hybride und spannungsreiche Gesamtwirkung erzeugt.
Die Konstruktion des Hauses besteht aus einer halb ins Erdreich eingegrabenen und an der Nordseite sichtbaren Betonlade (→**23**), auf die Stahlstützen in einem (nicht durchgehend realisierten) Raster von drei Metern Seitenlänge gestellt sind, die wiederum die Geschossdecken tragen. Weitere Bauteile sind die nicht tragenden Zwischenwände und die Außenhaut aus Bitumenschindeln und Plastikfolien, die als Vorhangfassade auf einem Stahl- und Holzgerüst montiert sind und keine tragende Funktion erfüllen (→**30**). Der Stützenraster, der oft hin-

ter Wänden oder Einbauschränken verschwindet, ermöglicht die offene Grundrissgestaltung und die fast durchgehenden Fensterbänder an der Nord-, Ost- und Westseite.

Gebäudehülle

Gebaute Topografie

Die äußere Gestaltung des Hauses Zankel folgt, wie Frey betont, nicht einer rein expressiven oder selbstzweckhaften Formensprache, sondern spiegelt das Raumprogramm des Inneren wider.[3] Viele Vertreter der für die „Grazer Schule" wichtigen „organischen Moderne",[4] wie Hans Scharoun oder Hugo Häring, verstanden die Fassade als Ausdruck des Inneren; so antwortete Scharoun etwa auf Fragen zur Fassade der Berliner Philharmonie: „Hat sie denn eine?"[5] Ähnlich beschreibt Le Corbusier in *Vers une architecture* die Außenhaut: „Der Grundriss wirkt vom Innen auf das Außen; das Äußere ist Resultat des Inneren".[6] Diese Architekturauffassung drückt sich vor allem auch in den Detaillösungen aus, wie den nach außen geneigten Wänden im zweiten Obergeschoss, die den Stahlträgern „ausweichen" (→**24**), oder der ungefähr zehn Zentimeter weit aus der Mauerflucht vorspringenden Kante an der Westseite (→**21**), welche die nicht mehr in die Wand integrierbare Entwässerung der Terrasse ablesbar macht. Für Frey sind diese Konstruktionen keine (Schönheits-)Fehler, sondern funktionale Erfordernisse – ähnlich dem Vergaser eines Bugatti-Modells, der sich ebenfalls an der äußeren Hülle, der Karosserie, abzeichnet.[7] Ein weiteres Beispiel ist die Ausbildung der „aufgeklappten" nordöstlichen Ecke im Waschraum als Giebelfenster (→**31**), um den vorgeschriebenen Abstand zur Grundgrenze einzuhalten.[8]
Durch die flexible Form der rotbraunen Bitumenschindeln, die einen starken Kontrast zu den hellen Fensterrahmen und den durchscheinenden Plastikbahnen der Atriumhülle bilden, konnte die Verkleidung wie eine (zweite) Haut über das Gebäude gezogen und beliebig angepasst werden. Die Schindeln, die besonders in den schrägen Fassadenbereichen eine natürliche Patina angesetzt haben (→**2**), stellen nicht nur eine funktionale, kostengünstige Lösung dar, sondern verleihen dem monolithisch anmutenden Volumen einen einheitlichen, skulpturalen Charakter. Wand

[3] Konrad Frey im Gespräch mit Michaela Böllstorf, Prévessin-Moëns, 22.10.2010.
[4] Peter Blundell Jones, Dialogues in Time. New Graz Architecture, Deutsche Übersetzung des Hauptteils, Graz 1998, 29 ff.
[5] Eberhard Syring/Jörg C. Kirschenmann, Scharoun, Köln 2007, 7
[6] Le Corbusier, Ausblick auf eine Architektur (1922). Bauwelt-Fundamente 2, übers. v. Hans Hildebrandt, Gütersloh-Berlin 1969, 134.
[7] Konrad Frey im Gespräch mit StudentInnen der TU Graz, Prévessin-Moëns, 22.10.2010
[8] Ebd.

(31) Ostseite mit Wirtschaftshof (Foto: A. Wagner, 2010)

und Dach gehen ineinander über und erzeugen eine „gebaute Topografie". Lediglich auf der Ostseite ist eine klare Trennung zwischen Dach und Wand sichtbar, da der enorme Höhenunterschied durch eine Stützmauer mit anschließender Terrasse abgefangen werden musste (→**20**, →**31**).
An der Südfront, die als Sonnenkollektor ausgebildet ist (→**3**), lassen die abwechselnd schräg und senkrecht aufsteigenden, hell schimmernden Plastikbahnen das Haus wie ein monumentale Felsformation erscheinen, die aus dem Boden herauswächst und schließlich im Dach des Atriums gipfelt – für ein Haus umgeben von Bergen, dem Mont-Blanc-Massiv auf der einen und dem Jura auf der anderen Seite, ein stimmiger Bezug zur Landschaft.

Die Sprache der Fenster

An der nördlichen und westlichen Gebäudeansicht erzeugt das durchgehende Fensterband, welches der einzige Teil des Erdgeschosses ist, der über dem Erdreich liegt, die Anmutung eines „schwebenden Gebäudes" (→**2**). Mit postmodernem Witz nimmt Frey dabei Bezug auf die Formensprache der Moderne, der „Elemente wie Schweben, Flachdächer und ein horizontales Fensterband [...] so wichtig"[9] waren. Der bodennahe Ausblick hebt das Haus buchstäblich aus den Angeln.
Die Nord-, West- und Ostseite (→**16**, →**20**, →**21**, →**32**) sind als freie Fassaden ausgebildet, die keinem bestimmten Raster der Fensteröffnungen folgen, sondern von Frey gezielt gesetzt werden, einerseits

[9] Ebd.

(32) Westseite (Foto: M. Bartelme, 2010)

um einen bestimmten Ausblick auf die Natur wie ein Bild zu rahmen, andererseits aus rein funktionellen Gründen wie Belichtung oder Belüftung.

So entstehen Öffnungen unterschiedlicher Größe und Art, wie beispielsweise das Fenster auf der Nordseite, das sich um die Ecke auf die Westseite zieht (→**33**), die auch auf verschiedenen Niveaus das Raumgefüge im Inneren nach außen hin sichtbar machen.

An der Nordseite befinden sich auch die vorspringenden Dachflächenfenster (→**2**), laut Frey typische „Katalogfenster"[10], die jedoch, anders als die bündig gesetzten Fenster, aus technischen Gründen eine Montage direkt auf die schräge Dachhaut erfordern.

Durch diese differenzierte Form von Anordnung und Einbautypen entsteht ein abwechslungsreiches Fassadenspiel mit der Idee, jedem Raum einen individuellen Charakter zu verleihen. Frey selbst meint zu dieser vorgefertigten Vielfalt: „Wieso sollte ich einen Fenstertyp verwenden, wenn man den ganzen Katalog nutzen kann?"[11] Ähnlich ist für Charles Jencks Lucien Krolls Studentenheim der medizinischen Fakultät der Universität Löwen (1969–1974) mit seinen vielen unterschiedlichen Fenstertypen ein Beispiel für den radikalen Eklektizismus bzw. *Adhocism* der Postmoderne.[12]

Die asymmetrische und willkürlich wirkende Verteilung der Fenster steht in Kontrast zum zentralen vertikalen Belichtungsband für das dahinter liegende Atrium (→**2**,→**18**). Dieses dominante symmetrische Element faltet sich über das Gebäude und besteht aus einer Stahl-

[10] Ebd.
[11] Ebd.
[12] Charles Jencks, Die Sprache der postmodernen Architektur. Die Entstehung einer alternativen Tradition, Stuttgart 1978, 104 ff.

(33) Ansicht von Norden, Detail der nordwestlichen Gebäudekante (Foto: M. Böllstorf, 2010)

unterkonstruktion mit einem Folienüberzug, die einen schemenhaften Einblick gewährt. Dabei entwickelt es eine nahezu skulptural-expressive Dynamik und erinnert entfernt an ein Wirbelsäule oder die Haut eines Reptils. Doch im Vergleich zum skulpturalen Expressionismus von Günther Domenigs Fassade der Filiale der Zentralsparkasse in Wien-Favoriten (1975–1979), dem wohl berühmtesten *signature bulding* der „Grazer Schule" der 1970er Jahre, wirkt Freys Lösung nicht nur leichtfüßiger und graziler, sondern auch nüchterner und funktionaler.

Da Glas aufgrund des viel höheren Eigengewichtes nicht verwendet werden konnte, entwickelte Frey eine filigrane Unterkonstruktion aus Stahl und PVF, einer schmutzabweisenden Folie mit hoher Eigenfestigkeit, die durch ein speziell entwickeltes Klemmprofil gehalten wird. Diese sogenannte Tedlarfolie bildet die äußere von drei Folienschichten und ist seit der Errichtung noch nie ausgetauscht worden. Die Konstruktion bildet längliche Parallelogramme aus, die fischgrätenförmig in eine Mittelachse (dem „Rückgrat") münden, welches zugleich die Firstlinie bildet, wo sich das Band zu einem Satteldach faltet. Somit markiert die Firstlinie die Symmetrieachse des Atriums bzw. den Knick in der Ost-West-Achse der beiden Gebäudeflügel und spiegelt so die Faltung im Grundriss wider. In dieser Achse befinden sich auch die beiden Eingänge des Atriums, die im Norden als Vordach des Haupteingangs und im Süden als Tor zum Garten besonders akzentuiert sind.

(34) Weg zum Hauseingang an der Nordseite (Foto: E. Bufi, 2010)

Der Haupteingang als Inszenierung der Schwelle

Frey gestaltet den Hauptzugang als besondere Schwellensituation, die stufenweise vom Außenbereich zum Innenraum überleitet und auf die theatralische Atmosphäre des Atriums vorbereitet, ohne dass der Charakter eines Privathauses verloren ginge. An der Einfahrt zum Grundstück fällt dem Betrachter linker Hand jedoch als erstes die Garage ins Auge, rechter Hand befindet sich der offene Bereich des Gartens, während dazwischen ein Weg in leichter Biegung abwärts zum Haus verläuft (→**34**). Dieser zweigeteilte Weg ist mit quadratischen Grauzementsteinen in zwei verschiedenen Größen verlegt, die, um bei Nässe nicht auszurutschen, an der Oberfläche mit schräg verlaufenden Rillen versehen sind, die auch formal auf die Schrägen der Eingangssituation Bezug nehmen. Die Kurve des Weges mündet schließlich in einer Geraden vor dem leicht nach rechts verschwenkten Eingang, der sich unterhalb des Geländeniveaus befindet und geschützt zwischen Erdwall und Begrünung eingebettet liegt (→**2**).
Die doppelflügelige Eingangstür aus blauem Riffelblech befindet sich am Kreuzungspunkt der horizontalen und vertikalen Belichtungsbänder und setzt sich durch bewussten Gegensatz – Undurchdringlichkeit und Farbigkeit – davon ab. Frey versucht hier, durch die Fläche vor dem Eingang den schräg verlaufenden Zugangsweg ohne groben Bruch in der Symmetrie in das axialsymmetrisch aufgebaute Eingangsportal zu integrieren. Das gegiebelt, transluzente Vordach über dem Eingang ruht auf drei kurzen, zur direkten Lastableitung teilweise schräg ge-

stellten Stahlstützen, welche auf das aufgeschüttete, bepflanzte Erdreich gesetzt sind. Umrahmt von Grün, sind Türen und Wände des Eingangsbereichs in verschiedenen Blautönen gehalten (Blau signalisiert auch im Inneren halbprivate Bereiche wie den Gästeflügel, während im Familienflügel der Farbton Rosa vorherrscht).
Durch das Vordach und die beiden abgeschrägte Mauern, die den Raum unter dem Vordach flankieren und den Gast mit „ausgebreiteten Armen" willkommen heißen, bekommt man das Gefühl, regelrecht in den Eingang gezogen zu werden. Diese Wirkung wird durch die breiten blauen Streifen, die schräg zur Eingangstür deuten, weiter verstärkt. Während die linke, längere Mauer im rechten Winkel zur Hausfassade steht und die Flucht der Traufe des Vordaches aufnimmt (sich also auf die Axialsymmetrie des Hauses bezieht), verläuft die rechte, kürzere Mauer parallel zum Zugangsweg, zeigt schräg nach rechts außen und wird nicht bis zum Eingangsportal geführt.
Die Tür selbst ist nach links versetzt (in der Regel wird nur der linke Flügel geöffnet), wobei Frey diese Exzentrik durch zwei vermittelnde Elemente ergänzt: einem Wandstück aus Riffelblech (wie das Portal) und einem transluzenten Block aus Drahtglas, hinter dem sich das Gäste-WC befindet und der weiter rechts in das horizontale Fensterband übergeht. Über den Tür- und Wandelementen erlaubt ein transparent verglastes Giebelfeld einen ersten Einblick ins Gebäudeinnere.
Unmittelbar vor dem Eingang steht ein ungefähr 60 Zentimeter hoher Block aus Terrazzo über fünfeckigem Grundriss, der die Materialwahl des Bodenbelags im Atrium vorwegnimmt. Form und Platzierung sind nicht willkürlich, da der Mittelpunkt durch die nord-südliche Symmetrieachse von Vordach und Atrium verläuft und auch durch die Symmetrieachse der Drahtglaswand, während seine fünfeckige Form aus dieser zweipoligen Orientierung erklärt werden kann. Der Block erfüllt zwei Funktionen: zum einen kann er als Ablage verwendet werden, zum anderen dient er als Beleuchtungskörper.

Die Südseite als Sonnenkollektor

Im Süden wird die Gebäudehülle von den Sonnenkollektoren und der Überdachung des Atriums dominiert, deren Erscheinungsbild von einer annähernd geschlossenen Plastikhaut geprägt ist (→**3**). Die Falten, die die Plastikhaut wirft, sind auch aus der Entfernung deutlich sichtbar und machen damit das Material als Folien erkennbar, die allerdings nach über 25 Jahren sanierungsbedürftig sind. An der Nordseite hingegen, wo im Atriumbereich dasselbe Material zur Anwendung gekommen ist, hat sich die Spannkraft der Folie tadellos erhalten, sodass sie mehr wie eine Platte aussieht. Besonders die Südfront weckt im Betrachter Assoziationen, die selten mit einem Wohnbau, sondern mit einem Laboratorium in Verbindung gebracht werden. Oder ist das Gebäude unfertig? Verbirgt sich hinter der leicht gewellten Oberfläche möglicherweise ein Gerüst, oder sind Glasscheiben zu Bruch gegangen, sodass man nun notdürftig Folien über die Öffnungen gespannt hat?

Dach und Wand scheinen ineinander überzugehen. Über dem Erdgeschoss setzt schon die aus Bitumenschindeln und Plastikbahnen bestehende Dachschräge an und zieht sich bis zum zweiten Obergeschoss nach oben, wo das Dach wieder zur Fassade wird und senkrecht bis zur Attika mit dahinterliegendem Flachdach ansteigt. Die Atriumüberdachung zwischen den beiden Haushälften zieht sich auch im Süden mit einem durchsichtigen Giebeldach über die Fassade herab und mündet in ein breites Plexiglastor (→**35**). Die Dachschräge zieht sich ums Eck entlang der Ost- und Westfassade, sodass das Haus wie ein Berghang rundum auf einem breiten Sockel ruht: Diese Spannung zwischen einem geomorph-naturnahen und technoid-laborhaften Aspekt ist ebenfalls zu einem charakteristischen Merkmal für die Architektur der „Grazer Schule" geworden.

Die Solarkollektoren selbst bestehen aus Aluminiumschienen, zwischen die Plastikfolien gespannt wurden, wobei die unterste aus technischen und thermischen Gründen geschwärzt wurde, sodass die Kollektorenfläche von außen relativ dunkel erscheint. An den Übergängen zu anderen Bauteilen sind die Kollektoren mit einem hellblau vorbeschichteten Stahlblech umrahmt, während sie durch eine breite Schattenfuge vom Boden abgehoben werden. In die Folieneindeckung des Atriums hingegen wird in dieselben Aluminiumpaneele nur jeweils an der Ober- und Unterseite eine lichtdurchlässige Folie gespannt, sodass die Sonne ungehindert ins Innere gelangt und die Fläche bedeutend heller erscheint. Seitlich davon sind am Dach Entlüftungsöffnungen gegen eine Überhitzung vorgesehen, wodurch sich die Traufe der Atriumhülle über das Flachdach hinweg hebt und den höchsten Punkt des Gebäudes bildet.

Das Tor nimmt die gesamte Südfront des Atriums ein und kann sich dank einer hydraulischen Hebemechanik zur Gänze nach oben hin aufklappen, sodass sich der Innenraum zur Gänze zum Garten hin öffnen lässt (→**3**,→**93**). Es stellt eine technische Innovation dar und wurde, um Spannungen durch unterschiedliche Wärmeausdehnungskoeffizienten zu vermeiden, komplett aus Plexiglas ohne Metallrahmen gefertigt (→**35**). Nach oben hin bildet das Tor einen flachen Dreiecksgiebel aus und besitzt am Giebelscheitel einen leichten, senkrechten Knick – ein Leithema, das sich durch das gesamte Haus zieht. Die Schalenkonstruktion besteht aus zwei Plexiglasplatten, zwischen die stabilisierende Stege geklebt wurden, die dem Kräfteverlauf folgen.

Der Terrazzoboden des Innenraumes läuft stufenlos unter dem Tor nach draußen und bildet (gemäß seines um 45 Grad aus der Gebäudeachse gedrehten Rasters) einen Spitz, der genau in der Achse des vertikalen Torknickes und der Firstlinie der Atriumsüberdachung liegt und dabei das Zentrum einer Formation aus Betonplatten bildet. Rund

(35) Atriumtor im Süden (Foto: M. Bartelme, 2010)

um den Spitz bildet eine gegossene Betonplatte mit den abwechselnd eingelassenen Zahlen „1 9 8 1" (dem Jahr der Fertigstellung des Rohbaus) und den Buchstaben „C Z T" für die beiden Kinder Clemens und Therese Zankel den inneren Kreis.
Grasbewachsene Fugen, die strahlenförmig vom Zentrum ausgehen, trennen zwei Kreise von Betonplatten und vervollständigen das sich vom Haus zum Garten hin ausbreitende Ornament. Diese Gestaltung hebt nicht nur die Kinder und die Sonne als für den Bauherrn zentrale Planungsfaktoren hervor, sondern bildet zudem einen Dreh- und Angelpunkt im Garten in der Achse des Knicks in Nord-Süd-Richtung

und erfüllt für den Freiraum die Aufgabe eines symbolträchtigen Zentrums.

Rund um die Attika läuft eine nur im Bereich des Giebels unterbrochene Schiene, in die eine Aluminiumleiter eingehängt ist (→**3**). Die Leiter kann entlang von Schienen im Boden verschoben werden und dient zur Wartung der Solaranlage. Um das Kinderzimmer im ersten Obergeschoss zu belichten, jedoch ohne Kollektorflächen zu verlieren, hat Frey zwei Segmente davon zu einer Gaupe gefaltet, über welche die folienbespannten Aluminiumprofile ohne Unterbrechung gelegt werden konnten.

Weitere Elemente an der Südseite, welche die Eigenständigkeit der Solaranlage mit dem Gesamtwerk in Verbindung bringen, indem sie eher der Fassade des restlichen Hauses entsprechen, sind das Esszimmer im Osten und das „Salettl" im Westen. Den Sockel des Gebäudes beim östlichen Esszimmer bildet eine großflächige Verglasung mit weißen Balken als Rahmenkonstruktion, welche von der Vorderkante der Solarkollektoren wesentlich zurückspringt. Ähnlich findet sich in der Schräge beim Elternschlafzimmer im ersten Obergeschoss eine dreieckige Verglasungsfläche übereck, die zur Hälfte aus der Verglasungsebene hervorspringt und nach oben aufgeklappt werden kann. Neben den Glasflächen dient als äußere Hülle wie an den übrigen Gebäudeseiten eine braune Bitumenschindeldeckung.

Von der östlichen Gebäudeecke führt eine zwei Meter hohe Mauer schräg nach außen, an die sich eine von einem Weinstock bewachsene Pergola aus Metall anlehnt. Der mit Betonplatten ausgelegte Boden erstreckt sich zwischen Terrassentür und Treppe, die ein paar Stufen hinauf in den Wirtschaftshof an der Ostseite führt (→**31**).

Der westliche Abschluss der Südfassade scheint spiegelgleich zum östlichen, zumindest auf Höhe der beiden oberen Geschosse, doch zieht sich die schräge Dachebene gleich weit wie die Solarkollektoren, sodass es hier keinen Rücksprung wie auf der Ostseite gibt. Der verglaste Sockel weist auch eine Drehtür in den Garten auf. Unmittelbar westlich davon schließt eine etwas niedrigere, schräg nach Südwesten vorspringende Betonwand an. Die Verglasung des „Salettls" wird auch in der Schräge auf ganzer Höhe des Erdgeschosses fortgesetzt, wobei die Teilung der Gläser bemerkenswert ist: an ein im Eck sitzendes Dreieck schließen zwei Parallelogramme an, deren Fußpunkte über den beiden Türflügeln sitzen (→**17**,→**25**).

Zusammen mit dem großen, gemauerten Blumentrog vor dem „Salettl" im Westen bildet die Pergola im Osten eine rahmende „Umarmung" des Platzes davor. So dominieren die Südseite und das kreisförmige Ornament am Boden diesen Teil des Grundstückes klar. Der Garten wirkt auf diese Weise wie ein vom Haus eingefasster Hof und nicht wie eine Grünfläche, in die das Gebäude gesetzt wurde. Die Grundstücksspitze dieser *pelouse* (frz. Rasen, Liegewiese) ist exakt nach Süden ausgerichtet, wo ursprünglich auch ein kleiner Teich vorgesehen war.

(36) Vordach des Hauseinganges nach Osten (Foto: K. Frey, um 1984)

Zwischen machine à habiter *und Solarhaus*

Da das Experimentieren mit nachhaltigen, innovativen Systemen für Frey und Zankel ein wesentliches Anliegen war, nahmen die südseitigen Solarkollektoren und das Heiz- und Belüftungssystem maßgeblichen Einfluss auf die Gesamtgestaltung und die Qualitäten der Innenräume. Dieses Diktat der Technik führte jedoch paradoxerweise zu wenig Belichtung und direkter Orientierung der Wohnräume nach Süden – ein Sonnenhaus, das die Sonne zumindest zum Teil aussperrt.
Ein distanziertes, an die Moderne erinnerndes Naturverhältnis zeigt sich auch dann, wenn der optische Bezug wie etwa beim horizontalen Fensterband auf der Nordseite (→**36**) und dem in den Garten vorgeschobenen „Salettl" gegeben ist, doch die Fixverglasungen keinen erlebbaren Bezug zur Natur zuzulassen. Doch in manchen Bereichen geht das Naturerlebnis im Haus Zankel auch über das rein Optische weit hinaus: Man denke an die akustischen Sensationen, welche herabfallende Eicheln, Regentropfen oder Hagelkörner auf der wie ein Trommelfell gespannten Plastikhaut des Atriums erzeugen und das Gebäude in einen Resonanzkörper verwandeln. Auch die beiden erkerförmigen Terrassen im 2. Obergeschoss ermöglichen durch ihren Baumhauscharakter einen starken unmittelbaren Naturbezug.
Schließlich macht auch die erforderliche Betreuung des Heiz- und Belüftungssystem den Bewohnern die natürlichen Bedingungen ständig bewusst, da das Haus Zankel keine autonome *machine à habiter* darstellt. Diese Ambivalenz zwischen der Dominanz des Technischen, modernistischer Distanzierung und ökologischer Naturverbundenheit – zwischen Solarhaus und „Wohnmaschine" – macht nicht zuletzt die Einzigartigkeit des Hauses Zankel aus.

(37) Atrium, Blick vom Eingang im Norden Richtung Süden (Foto: V. Schulter, 2010)

(38) Atrium, Blick von der südlichen Hälfte nach Norden (Foto: A. Wagner, 2010)

Das Atrium als „mystisches Zentrum" und Bühne

Das mit einer transluzenten Plastikhaut überspannte Atrium des Hauses Zankel dient als Eingangshalle und zentraler Aufenthaltsraum, zur Erschließung der beiden Haushälften und als Zugang zum Garten im Süden (→**4**,→**38**). Im nördlichen Teil wird der Raum, der sich kontinuierlich wie ein Trichter vergrößert, vor allem durch einen Brunnen, eine Wendeltreppe und eine Brücke geprägt, während der um drei Stufen tiefer gelegene, südliche Teil durch seine Dimensionen und Lichtwirkung für sich selbst wirkt. Der vergleichsweise kleinere Eingangsbereich dient eher als Vorraum, in dem man die Ausdehnung des Atriums durch die schräge Gebäudehülle noch nicht direkt wahrnimmt.
Betritt man das Atrium durch die nördliche Eingangstür, grenzt eine gewendelte Betontreppe einen schmalen Korridor ab, der zum WC und zur Küche des Gästetrakts führt (→**37**). Die Treppe führt hinauf zur Brücke, welche Familien- und Gästebereich im ersten Obergeschoss miteinander verbindet und die Raumhöhe des Korridors reduziert. An der Unterseite der Brücke ist ein längliches Belichtungsobjekt schräg installiert, wodurch man weiter in den Raum geleitet wird.
Unmittelbar neben dem Hauseingang befindet sich ein Brunnen (→**39**), der ähnlich wie der Terrazzoblock im Außenraum auf der Achse des Atriums liegt. Dieses niedrige Waschbecken, das sowohl zur Reinigung der Füße als auch der Hände dienen kann, stellt eine historische Bezugnahme auf die rituelle Reinigung beim Übertreten einer Schwelle dar, und so bezeichnete Karl Zankel den Brunnen scherzhaft

(39) Brunnen zwischen Gäste-WC und Eingangstür im Atrium (Foto: A. Wagner 2010)

(40) Detail des Brunnens im Atrium (Foto: A. Prömer, 2010)

als „mystische[s] Zentrum".[13] Frey wollte für den zentralen Knickpunkt des Gebäudes eine besondere Markierung schaffen, indem er die zwei angrenzenden, weiß gerahmten Flächen aus Sperrholz unterbricht und eine dreieckige Nische bildet. Hier befindet sich hinter dem Brunnen aus Terrazzo ein an zwei Seiten und der Deckfläche verspiegelter Trichter. Da die beiden Spiegelwände schräg zueinander stehen, werden die BetrachterInnen wie in einem Spiegelkabinett vervielfältigt, wobei im Deckenspiegel eine sternförmige Figur entsteht, die einen unendlich scheinenden imaginären Raum nach oben eröffnet (→**7**). Der vertikale Terrazzostreifen, der die Nische abschließt, wurde knapp unterhalb des „Sternes" unregelmäßig abgebrochen, sodass durch die Vervielfältigung das Bild eines Säulenstumpfes mit Sockel entsteht, der sich jedoch nach einer Unterbrechung oberhalb fortgesetzt (→**40**). Der durch die „Säule" symbolisierte Dreh- und Angelpunkt des Gebäudes hebt sich selbst aus den Angeln, was Frey als *folie* bezeichnet[14] und für die heitere Leichtigkeit seiner architektonischen Handschrift charakteristisch ist.
In der angrenzenden Toilette findet sich ein Materialmix aus Sperrholz, verputzter und tapezierter Wand, Drahtglas, Fliesen und einem transluzenten Dach zur natürlichen Belichtung. Eine Kombination aus Leuchtstoffröhre und Heizstrahler funktioniert, sobald die Tür versperrt ist – und folgt so einer ökonomischen Denkweise, da weder Wärme noch Licht ungenutzt verbraucht werden.
Den Übergang zwischen Eingangs- und Aufenthaltsbereich bilden drei Stufen, die zur Überbrückung des natürlichen Geländesprungs dienen und auf der Seite des Gästetrakt in ein Podest münden, wo auch der Abgang in den Keller durch eine Schmutzmatte andeutet ist. Die aufgrund eines Baufehlers entstandene Fuge zur Wand ließ Frey ironischerweise mit einem goldenen Mosaikstreifen schließen, aus der ein ebenfalls vergoldeter Wasserhahn (zur Befüllung von Gießkannen oder eines Kinderplanschbeckens) herausragt.
Der Boden des unteren Atriumbereichs besteht aus weißem Terrazzo mit rautenartig angeordneten roten Streifen, der sich auch unter den seitlichen Schiebetüren in den Familien- und Gästetrakt zieht (→**1**). Das diagonale Muster verhindert das Vorherrschen von nur einer Raum- und Bewegungsrichtung. Im oberen Eingangsbereich hingegen ist der Boden einheitlich rot und zieht sich ebenfalls in die angrenzenden Räume hinein.
Am südlichen Ende des Atriums nimmt das Plexiglastor die gesamte Breite des Raumes ein und gibt den Blick auf den Garten frei (→**41**). Direkt anschließend steigt die Dachhaut schräg in die Höhe bis zum zweiten Obergeschoss. Ab dem obersten Geschoss ist die Gebäude-

[13] Karl Zankel in einem Brief an Konrad Frey, 01.12.1984, 1, AKF.
[14] Frey 2010 (wie Anm. 7).

(41) Atrium von oben, Blick Richtung Südosten (Foto: F. Zankel, 2010)

(42) Atrium, Torkonstruktion und Spiegelscheibe im Süden, Blick Richtung Gästetrakt im Westen (Foto: M. Bartelme, 2010)

hülle nicht mehr schräg, sondern vertikal, während sie auf der Nordseite bereits kurz oberhalb des Eingangs vertikal ansteigt. Die Konstruktion selbst ist nur durch dünne Stege mit den seitlichen Mauern der Trakte verbunden und erscheint wie ein Zelt aufgespannt. Im Winter kann sich der Raum schnell erwärmen und im Sommer kann mittels Sonnenschutz und Belüftung das Raumklima reguliert werden.

Die Wände zu Familien- und Gästewohnzimmer im Erdgeschoss werden durch jeweils zwei Schiebetüren und eine verspiegelte Scheibe gebildet, die mit einem dreieckigen Oberlichte an die schräge Südfassade anschließt (→**42**). Tür und Oberlichte spiegeln den jeweils gegenüberliegenden Eingang, wobei die Tür in den Gästeflügel nach außen, die Tür in den Familienflügel nach innen aufschlägt und somit den halbprivaten Charakter des ersteren vom ganz privaten Charakter des letzteren abhebt. Den oberen Abschluss der zwei Schiebeelemente bilden drei Rundbögen, die auf der Seite des Familientrakts nicht Teil der Türen sind und so einem niedrigeren Durchgang schaffen (→**4**). Die weiß verputzen Wände der beiden Trakte tragen ein Spalier aus diagonal überkreuzten, weißen Holzlatten, die dem Schallschutz[15] oder für eine Bepflanzung[16] dienen sollten.
Die Wände des Atriums vermitteln durch die Bogenfenster, Spaliere und den Bodenbelag mit seinen großformatigen Feldern den Charakter eines öffentlichen „Dorfplatzes", wie auch das transparente Dach den Eindruck eines Außenraums erzeugt. Durch die Verbindungswege, Stiegen, Brücken und Fenster kommt es an diesem zentralen Ort immer wieder zu Begegnungen der Hausbewohner und Gäste, wobei die Begrenzungen eine kommunikative und zugleich schützende Atmosphäre erzeugen.
Die gewendelte Betonstiege ins erste Obergeschoss und die anschließende Brücke, welche für die Verbindung der beiden Trakte sorgt, sind besonders repräsentative Elemente des Atriums. Das Brückengeländer aus weiß gestrichenem Rundstahl mit dazwischen gespannten Drahtseilen erinnert an die Reling eines Schiffes. An der Unterseite des Geländers sind Lampen mit großen weißen Lampenschirmen angebracht, die den Dorfplatzcharakter zusätzlich unterstreichen (→**43**). Der östliche Teil der Brücke verbreitert sich ab der Mitte Richtung Eingang und spannt dadurch einen Raum zum Verweilen auf (→**6**). Sie wird zur Bühne oder dient, wenn das Atrium zur Bühne wird, als Beobachtungsplatz. Bei der Eröffnungsfeier des Hauses am 12. Juli 1985 nutzten Frey und seine beiden Söhne die Brücke für die Aufführung eines Theaterstücks. Umgekehrt bietet die Brücke wie die Logen einer Oper eine erhöhte Beobachtungsmöglichkeit: Ist das Plexiglastor zum Garten geöffnet, erscheint das gesamte Atrium von dort aus als große Guckkastenbühne und alle Personen werden von selbst zu Spielern.
Die Schiebetüren zum Atrium erlauben es, die Wohnräume von Gäste- und Familientrakt zusammenzuführen, um einen großen durchgehenden Raum erhalten. Diese wirken dann wie zwei Seitenschiffe einer Basilika, die an ein zentrales Mittelschiff anschließen (→**4**). Verstärkt wird dieser Eindruck durch die Rundbogenfenster und die Stützen, wel-

[15] Karl Zankel im Gespräch mit StudentInnen der TU Graz, Graz, 23.11.2010.
[16] Frey 2010 (wie Anm. 7).

(43) Atrium, Blick nach unten zum Eingangsbereich von der Brücke im 2. Obergeschoss (Foto: V. Schulter, 2010)

(44) Garderobenbereich mit Fensterband im Familientrakt, Blick Richtung Norden (Foto: F. Zankel, 2010)

che Assoziationen zu Arkadengängen wecken. Durch Öffnen des Tores, das gleichzeitig als schützendes Dach funktioniert, kann auch der Außenraum miteinbezogen werden. Bei geschlossenen Schiebetüren wird das Atrium eher als Außenraum wahrgenommen, auch wenn es formal ein Innenraum ist. Im Winter kann man den sich schnell erwärmenden und im Sommer den durchlüfteten Raum genießen.

Garderobe, Stiegenhaus und Wirtschaftsraum im Familientrakt

In den Familientrakt gelangt man vom Atrium aus über zwei schlichte Türen, die in den Achsen der beiden Erschließungszonen liegen, an die sich Garderobe, Treppenhaus und Wirtschaftsraum anschließen. Beim Eintreten bekommt man bereits einen Überblick über die räumliche Großzügigkeit und kann in der direkten Verlängerung durch eine Terrassentür ins Freie wie auch über ein innen liegendes Fenster in den Wohnbereich sehen. Das nördliche Fensterband, das den gesamten Bereich belichtet, stellt auch einen Außenbezug zur Einfahrt her.
Das gesamte Gefüge erstreckt sich auf einem Niveau mit zwei parallel verlaufenden Gängen, die sich jedoch durch die fehlenden abtrennenden Wände mit den verschiedenen Funktionseinheiten räumlich überlagern.
Gemäß Freys planerischem Grundsatz der „Ökonomie der Mittel" wird mit wenig Material- und Energieverbrauch ein Garderobenbereich mit zwei Schrankelementen und einer Sitzgelegenheit geschaffen (→**44**).
Die Einbaumöbel aus standardisierten Produkten sind wie selbstverständlich in den Raum integriert, wie etwa die aus einfachen, farblos lackierten Batipin-Sperrholzplatten gefertigten Garderobenschränke, die im Inneren ein industriell gefertigtes Schienensystemen mit einhängbaren und verstellbaren Fächerträgern besitzen.
Eine geschwungene Sitzgelegenheit erstreckt sich über die gesamte Länge des Garderobenbereiches und ist in ein türkisfarbenes Möbel integriert, das auch die Rückenlehne bildet. Hier findet sich die Verglasung zum Wohnzimmer bzw. *séjour* in Form zweier schräg gelagerter, verschiebbarer Plexiglasplatten, die eine transparente, thermische Abtrennung bilden (→**45**,→**89**).
Der funktionale, doch provisorische Charakter des Treppenhauses (→**8**,→**9**) entsteht durch Freys Idee, rot pulverbeschichtete Gerüstbauelemente der Firma KEE CLAMP zu verwenden, die direkt am Fußboden fixiert und gegen Schwanken an mehreren Punkten in der Wand verankert sind. Die Trittstufen aus an der Vorderkante abgerundeten, farblos lackierten Sperrholzplatten und die Geländerverglasung in den Gangbereichen im Obergeschoss sind zusätzliche Elemente, die Frey individuell für das Haus Zankel geplant hat. Die halb gewendelte Stiege mit einem Auge von circa 1 x 1 Meter wird zusätzlich zum Fensterband über ein Dachfenster direkt über dem Treppenauge und über ein weiteres Dachfenster im Gangbereich oberhalb des Fensterbandes im Erdgeschoss belichtet.

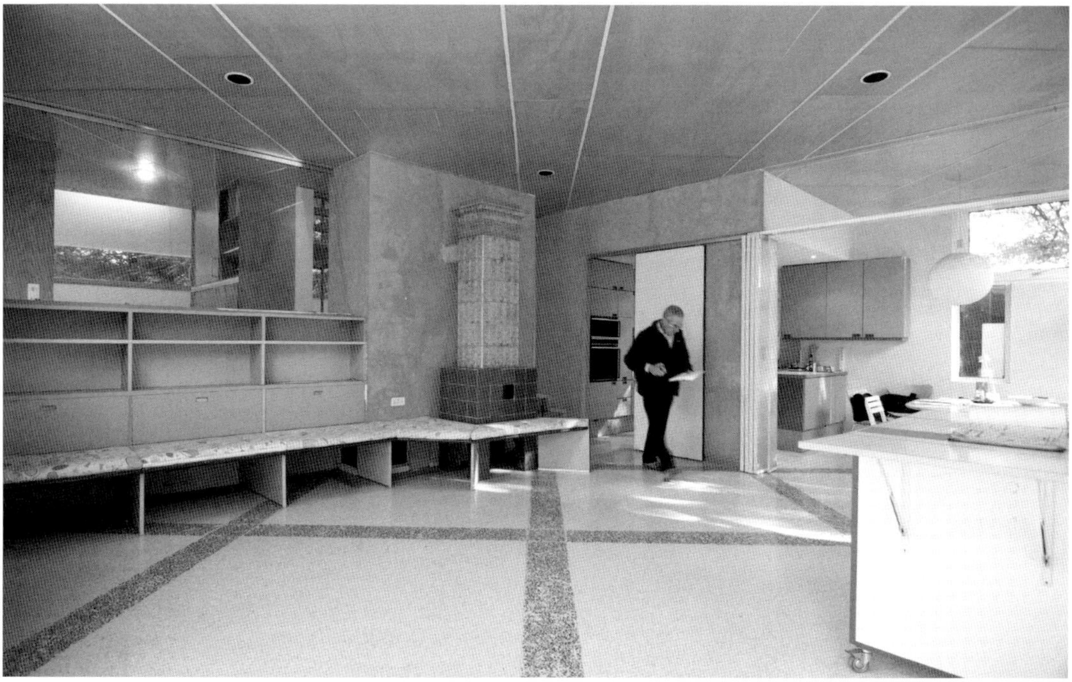

(45) *Sèjour,* Richtung Nordosten, Durchblick zur Garderobe (links) und zur Küche (rechts) (Foto: F. Zankel, 2010)

(46) Wirtschaftsraum Richtung Nordosten (Foto: F. Zankel, 2010)

Ähnlich wie die Treppe vermittelt der Wirtschaftsraum einen funktionalen Eindruck (→**46**): Waschbecken und Waschmaschine sind in die Arbeitsfläche aus weiß beschichteter Spanplatte integriert, und ein Schrankelement bildet den Abschluss zur Erschließungszone. Der helle Terrazzoboden, das Fensterband und auch die zweiflügeligen Terrassentür erzeugen eine helle, offene und großzügige Raumstimmung.

Séjour, *Essbereich und Küche im Familientrakt*

Auf der unteren, südlichen Erdgeschossebene des Familientrakts befinden sich das Wohnzimmer bzw. der *séjour,*[17] der verglaste Essplatz und die Küche, die ebenso nach dem Prinzip eines offenen Grundrisses räumlich ineinander übergehen und so trotz der aufgrund der Solarkollektoren geschlossenen Südfront genügend Tageslicht sicherstellen. Die zwei Schiebetüren zum Atrium ermöglichen einen

(47) *Sèjour* mit Essbereich Richtung Terrasse im Südosten (Foto: P. Eder, 1985)

Funktionswechsel des etwa 45 Quadratmeter großen *séjour* vom abgetrennten Wohnbereich zur erweiterten Hallenzone. Auf der gegenüberliegenden Seite können weitere Falt- und Schiebeelemente aus Thermoclear zur Küche und zum Essbereich mit jeweils neun Quadratmetern geöffnet werden, die durch die Ganzverglasung des offenen Essbereichs nach Süden einen weiten Ausblick und Zugang in den Garten bieten (→**47**).
Der Stützenraster zeichnet sich auch im Grundriss ab (→**26**), sodass Küche und Essbereich aus jeweils einem Feld und der *séjour* aus vier ganzen und zwei südlich anschließenden halben Feldern bestehen. Frey lässt jedoch die zentrale Stütze in der Mitte entfallen, um einen freien, unverstellten Raum zu schaffen. Im Gegensatz zu dieser orthogonalen Ausrichtung verlaufen das Muster des Terrazzobodens und

[17] Das Wohnzimmer wird sowohl in Konrad Freys Plänen als auch von den Mitgliedern der Familie Zankel als *séjour* (frz. Aufenthalt, Verbleib; *salle de séjour* = Wohnzimmer) bezeichnet.

die abgehängte Decke, die für die Luftheizungsanlage und Haustechnik in den meisten Räumen des Hauses installiert wurde, in diagonaler Richtung. Die Deckenverkleidung aus Birkensperrholzplatten, die auf schmalen weißen Metallrahmen aufliegen, endet jeweils an den Dachschrägen, wodurch zwischen Deckenrand und Schräge ein deutlicher Absatz erkennbar ist.
Küche und Essplatz sind räumlich nicht voneinander abgetrennt, nur die Schränke der Einbauküche, die als einzige Möblierung des Hauses nicht von Frey entworfen wurde, trennen die beiden Bereiche. Weitere Einrichtungselemente sind ein ovaler Tisch mit Stühlen im Essbereich, ein antiker Kachelofen und die zwei Langbänke an den gegenüberliegenden Wänden, die an eine – allerdings überdimensionierte – Bauernstube erinnern. Unter der Bank an der Südwand verbergen sich die Rohre und Leitungen des Abluftwärmesystems.
Im *séjour* drückt sich Karl Zankels Vorstellung vom Familienleben deutlich aus: In den früheren Entwürfen von 1976/77 wird der *séjour* noch als reines Spielzimmer oder Aufenthaltsraum bezeichnet, wo die Kinder an ihren Schreibtischen die Hausaufgaben machen sollten und die Zimmer im ersten Obergeschoss nur zum Schlafen verwendet würden.[18] Doch ein Problem für die Nutzung bestand darin, dass es in diesem Raum keine andere Möblierung gab, eine direkte Belichtung fehlte und zugleich die vielen Durchblicke und Durchgänge nur wenig zum Aufenthalt einluden. So kann die orange Farbgebung der Wände durch den letzten Mieter auch als Versuch gesehen werden, mehr „Wärme" und eine wohnlichere Atmosphäre in den *séjour* zu bringen.

Die „Junggesellenzone" im Gästetrakt

Betritt man das Haus Zankel durch den Haupteingang, führt eine Tür gleich rechterhand zwischen Wendeltreppe und Gästetoilette in den Gästetrakt, der in den Entwürfen von 1976/77 meist als „séjour" oder einfach als Raum für den „Mann" bezeichnet wird.[19] Dieser 77 Quadratmeter große Raum nimmt das gesamte westliche Drittel des Erdgeschosses ein und besteht aus drei Niveaus (→**48**,→**49**): Eingang, Kochnische, Wandschrank und Essbereich befinden sich auf derselben Ebene wie der Hauseingang; südlich von der zweiten Deckenstütze schließt sich der um drei Stufen tiefer gelegene Aufenthaltsbereich an, der auf einer Ebene mit dem südlichen Teil des Atriums und der *pelouse* liegt; und schließlich ist das „Salettl" in der südwestlichen Ecke wieder um eine Stufe erhöht (→**11**). Im Gegensatz zum Famili-

[18] Vgl. Karl Zankel im Gespräch mit StudentInnen der TU Graz, 23.11.2010; Konrad Frey, Raumprogramm, August 1976 („Kinderaufenthaltsraum"); BAB Entwurf 1, September 1976 („Spiel"); BAB Entwurf 3, Dezember 1976 und Mai 1977 („jeux"); alle AKF.

[19] Konrad Frey, Babenheim Entwurf 1.1: Grundriss Erdgeschoss (bez. 7), Oktober 1976, AKF; vgl. den Beitrag von Edvin Bufi in diesem Band.

(48) Gästehalle Blick Richtung Süden (Foto: A. Wagner, 2010)

enflügel ist der Gästewohnraum nicht direkt mit den Obergeschossen verbunden, sodass die gesamte Grundfläche genützt werden kann. Die quadratische Rasterordnung der Stahlstützen, die diagonale Ausrichtung des Terrazzobodens und der abgehängten Decke entsprechen dem *séjour* im Familientrakt, ebenso wie der antike Kachelofen (→**49**), der als Alternativheizung, traditionelles Element und auch postmodernes Zitat interpretiert werden kann. Insgesamt erstreckt sich die Gästewohnhalle über sechs ganze Stützenfelder (→**26**), wobei analog zum *séjour* südlich und nördlich halbe bzw. Drittelfelder angefügt sind. Auch fehlt hier die Stütze mitten im Raum.
Der Küchenblock gleich rechts nach dem Eingang, der nur vom Bauherrn und den Gästen benutzt wurde, ist aus der Flucht der Außenwand nach Norden verschoben und steht in einer Nische mit grünen Mosaikfliesen und einem horizontalen Abschluss in schmalen Mattglasscheiben. Beim Rücksprung in die Wandflucht geht das Fensterband in das Transparentglas über und wird so bis zur nordwestlichen Gebäudeecke geführt, sodass man beim Kochen von außen nicht beobachtet werden kann. Ein weiteres quadratisches Dachflächenfenster in der Schräge über der Kochnische ist, wenn man von der Glastür zum Garten absieht, das einzige Fenster, das geöffnet werden kann.
Gegenüber der Kochnische befindet sich ein schräg in die Ecke montierter Wandschrank, der von zwei Schiebetüren aus farblos lackierten Batipin-Sperrholzplatten (wie in der Garderobe) verschlossen wird und rechts am Kamin vorbei noch etwas in den Raum hineinragt (→**50**): Wird die rechte Tür geöffnet, hängt sie frei über den Stufen zum Wohnzimmerbereich; wird die linke Tür nach links verschoben,

(49) Gesamtansicht Gästehalle von Süden (Foto: F. Zankel, 2010)

(50) Schiebetür Garderobe Gästewohnhalle, Ansicht von Westen (Foto: S. Schmidt, 2010)

verdeckt sie die offene Garderobenablage. Mit diesem provisorisch anmutenden Detail wird der Raum zwar optimal ausgenutzt, doch entsteht ein deutlicher Kontrast zum repräsentativen Charakter der Gäste- bzw. „Junggesellenzone". Der Übergang zum tieferen Niveau ist nur zwischen Stahlpfeiler und Kamin als Treppe ausgeführt, westlich davon bildet ein Podest, analog zum Atrium, den Abschluss zur Esszone (→**49**). Die schräg gestellte, quadratische Bodeneinfassung des Pfeilers erinnert an den Sockel einer Säule und wiederholt ein Motiv, das sich bereits an den Außenseiten des Hauses öfters zeigt. Durch das keilförmige Podest wird die Treppe schräg in die Mitte der unteren Ebene geführt, die durch den Kachelofen in der schräg gegenüberliegenden Ecke gerahmt wird. Beide Elemente folgen in ihrer Ausrichtung dem Bodenmuster, was keinen bloß stilistischen Einfall darstellt, sondern die Ausbildung von Raumzonen bewirkt, ohne das Konzept des offenen Grundrisses aufzugeben. Zwei raumhohe Schiebetüren und drei Rundbogenfenster, ähnlich wie ihre Pendants beim *séjour*, verbinden den Gästewohnraum mit dem südlichen Teil des Atriums, während die restliche Wandfläche aus einer getönten Scheibe aus Zweiwege-Spiegelglas, wie es seit den 1970er Jahren vor allem von Bürohochhaus-Vorhangfassaden bekannt ist, besteht (→**42**). Dieses Glas wirkt von der dunkleren Seite her transparent, von der helleren wie ein Spiegel, sodass man bei Tag vom Gästetrakt ins Atrium blicken kann, während man bei Nacht vom dunkleren Atrium in den beleuchteten Gästewohnraum sehen kann – von innen jedoch nur das eigene Spiegelbild erkennt. Ähnlich wie bei der durch den Spiegel erzeugten „Säule" beim Brunnen, hat Frey eine *folie* entworfen, deren Raffinement man erst auf den zweiten Blick erkennt.
Im Vergleich zum *séjour* ist die Südwand mit der innen laufenden Sitzbank schmäler (→**48**), wodurch der Raum in Verbindung mit dem „Salettl" und der doppelflügeligen Glastür, die in den Garten führt, genügend direktes Tageslicht erhält.
Als dritten Raumabschnitt schließt das „Salettl" mit einem Podest an (→**11**), das als Frühstücksraum und Sitzecke gedacht war, jedoch nicht mit den von Frey geplanten Sitzelementen ausgestattet wurde. Die unteren zwei Drittel des Glaspavillons sind gemauert und folgen dem schrägen Verlauf des Geländes, dennoch meint man hier mitten in der Natur zu sitzen, während man zugleich den Wohnraum und Teile des Atriums wie von einem Erker oder einer Loge überblickt – und umgekehrt auch das „Salettl" als kleine Bühne gelesen werden kann. Die mit hellem Holz verkleidete Brüstung zieht sich vom „Salettl" quer über die Westwand bis zum Fensterband im Norden und markiert so den Geländeverlauf.
Das Beleuchtungskonzept der Deckenspots folgt den roten Kreuzungspunkten des Terrazzobodens (→**49**) und wird von Neonröhren, welche die weißen Dachschrägen indirekt beleuchten, und einer über dem Esstisch montierten Leuchte ergänzt.

Schlaf- und Nebenräume im 1. Obergeschoss des Familientrakts

Das schmale Kinderzimmer von zwei Feldern des Stützenrasters sollte als reines Schlafzimmer dienen, das im Süden von der Dachschräge mit den Sonnenkollektoren begrenzt ist und nur über zwei „Gaupenfenster" und ein 60 Zentimeter breites Fenster mit Sichtkontakt zum Atrium verfügt (→**51**). Dieses Herausfalten der Fassade, das eine Umleitung der kontinuierlich strömenden Luft innerhalb der Kollektoren schafft, ermöglicht nur einen Ausblick längs des Daches, wodurch sich die Funktion des Fensters im Wesentlichen auf Belichtung und Frischluftzufuhr beschränkt. Angesichts des sonst sehr großzügigen Raumangebotes im Haus wurde dieser Raum wohl aufgrund des Primats des Energiekonzepts nur als sekundär betrachtet.

Die kleine, langgestreckte Toilette auf der Nordseite wird über den Flur erschlossen (→**52**), ist weiß verputzt und vom Waschbecken bis zum Fenster treppenförmig ansteigend mit hellgrünen Mosaikfliesen verkleidet. Das Waschbecken ist raumsparend in einer kleinen Nische angeordnet, wo sich auch der zweigeteilte Spiegel – eine weitere *folie* Freys – befindet: Ein Teil wurde wie üblich an der Wand befestigt, der zweite drehbare Teil ragt jedoch in abgeschrägter Form in den Raum, trennt den Betrachter optisch in zwei Hälften und verschließt auch eine kleine dahinter liegende Ablagefläche.

Der Arbeitsplatz, der eigentlich einen Teil des Ganges einnimmt und sich im Fluss der Treppe des Familientraktes befindet, kann als „Kontrollpunkt" bezeichnet werden, der mit einem quadratischen Fenster von 170 Zentimeter Seitenlänge die Verbindung nach außen, zur Einfahrt und zum Eingangsbereich schafft und mittels vertikaler und horizontaler Blickbeziehungen das Haus visuell wie auch akustisch erschließt.[20]

Die annähernd quadratische Form des Elternschlafraums (→**27**,→**54**) entsteht durch das Stützenraster und umfasst vier Felder, wobei die Dachschrägen im Süden und Osten pyramidenförmig zusammenlaufen und in eine großflächige Eckverglasung münden. Durch die diagonale Orientierung ist der Schlafbereich im nordwestlichen Feld gegenüber dem hellsten Bereich vorgesehen. Die Dachschrägen sind innen nur lose mit einem Holzskelett und angeschraubten Gipsplatten verkleidet, um jederzeit Reparaturarbeiten an den Solarfolien vornehmen zu können, und machen zugleich die Idee des Energiekonzepts auch innen sichtbar.

Im nordöstlichen Feld neben dem Eingang bildet ein kleiner, um einen Meter abgesenkter „Raum im Raum" einen begehbaren Kleiderschrank, zu dem man über drei Stufen hinabsteigt (→**53**). Die Deck-

[20] Laut Karl Zankel fand dieser Arbeitsbereich allerdings nur als Sammelpunkt von Kommunikationsmedien wie Telefon und Faxgerät Verwendung; vgl. Karl Zankel 2010 (wie Anm. 15).

(51) Kinderzimmer im 1. Obergeschoss Richtung Süden, Familientrakt (Foto: F. Zankel, 2010)

(52) Toilette im 1. Obergeschoss, Familientrakt (Foto: V. Schulter, 2010)

(53) Elternschlafzimmer, Schrankraum im 1. Obergeschoss, Familientrakt (Foto: F. Zankel, 2010)

(54) Elternschlafzimmer im 1. Obergeschoss Richtung Südosten, Familientrakt (Foto: F. Zankel, 2010)

platten der weiß lackierten Kästen dienen zugleich als Brüstung und Ablageflächen, wodurch Frey auf einfache, platzsparende Weise einen großzügigen Schrankraum mit natürlicher Belichtung gestaltet. Entgegen dem geometrischen Raster fehlt hier eine Stütze zur Deckenlastabtragung, deren Funktion jedoch durch die Dachschrägen ersetzt wird, was eine harmonisch geschlossene Raumwirkung und eine ungehinderte Sicht auf das Eckfenster ermöglicht.

Das Familienbadezimmer

Freys Liebe zum sorgfältig geplanten Detail fällt besonders im Badezimmer am östlichen Ende des Hauses auf, dessen Grundriss aus einem halbierten unregelmäßigen Achteck besteht (→**27**). Gegenüber dem

(55) Familienbad Richtung Osten
(Foto: F. Zankel, 2010)

Eingang befindet sich ein Fenster mit direkter Blickbeziehung zur darunter liegenden Terrasse (→**55**). Die Materialien, vor allem die rosarote Verfliesung und die Sperrholzvertäfelung, wurden so eingesetzt, dass sie einen fließenden Übergang zwischen den unterschiedlichen Bauteilen herstellen, die gefliesten und vertäfelten Flächen aneinander vorbeigleiten und zugleich Teil der Decke und des Bodens sind. Durch die ungewöhnliche Orientierung der Badewanne, die nicht parallel zur Wand, sondern in den Raum hinein gedreht ist (→**56**), entsteht ein Spalt, der mit einer dreiecksförmigen, transluzenten Plexiglasscheibe geschlossen wird, die hinterleuchtet einen angenehmen Lichteffekt erzeugt und zugleich als Ablagefläche dient. Ähnlich wird auch die Leuchtstoffröhre an der Decke hinter transluzentes Glas montiert, sodass an der Vorderseite noch ein Heizstrahler integriert werden kann. Zusätzlich sorgen zwei kleine Kugelleuchten direkt auf dem Spiegel für Helligkeit.
Besonders raffiniert hat Frey Spiegelungseffekte eingesetzt, um den kleinen Raum optisch zu erweitern. So etwa folgt die Spiegeloberkante einer schrägen Linie, die sich von der Unterkante des Fenstersturzes bis zum Spritzwasserbereichs auf der gegenüberliegenden Seite zieht und bewirkt, dass der Heizstrahler kaum im Spiegelbild zu sehen ist. Deckenleuchte und -vertäfelung orientieren sich zum Spiegel hin und erzeugen eine natürliche Bewegung zur Badewanne, dem zentralen Objekt des Raumes. Auch die drei Fugen der Deckenvertäfelung, welche in den Ecken beginnend normal zur Badewanne verlaufen, korrespondieren mit den Spiegeln. Durch die an der seitlichen und oberen Fensterlaibung angebrachte Verspiegelung entsteht der Eindruck, als würde der Raum noch eine zweite Schicht besitzen und hinter dem Waschbeckenspiegel bzw. der Wandvertäfelung weiterlaufen.

(56) Badewanne im Familienbad (Foto: E. Bufi, 2010)

(57) Helmut Richter, Bad Sares, Wien, 1983–1984

(58) Badezimmermöbel im Familienbad im 1. Obergeschoss, Familientrakt (Foto: St. Schmidt, 2010)

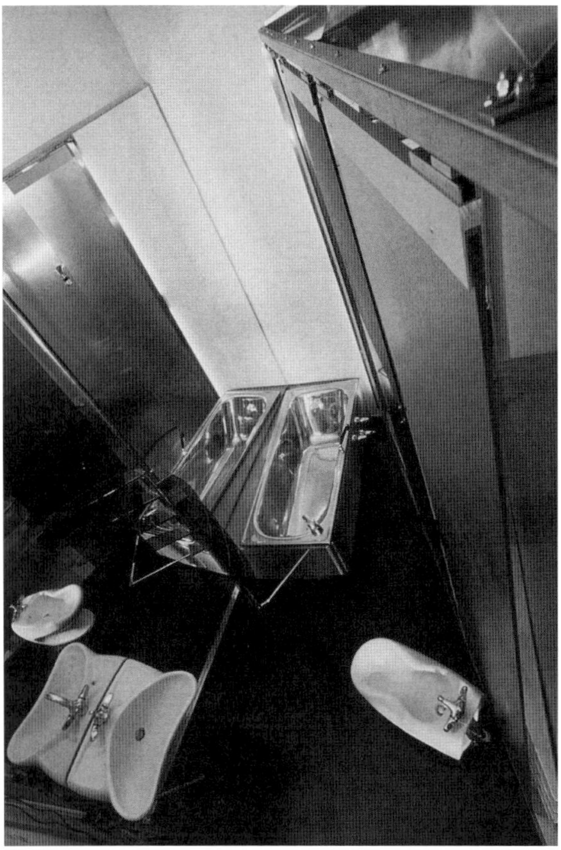

Das hölzerne Wandschränkchen (→**58**), das unterhalb des Fensters die Benützung nicht stört, besteht aus fünf aufeinandergestapelten Läden, die wie die beleuchteten Glasfläche hinter der Badewanne einen dreieckigen Grundriss aufweisen, wobei ein Eck als Gelenk ausgebildet ist und so die einzelnen Elemente freischwebend miteinander verbunden sind. Das Spiel mit Spiegeleffekten findet sich auch in anderen Projekten der „Grazer Schule", wie etwa dem 1983–1984 (also zeitgleich) ausgeführten Bad Sares in Wien von Helmut Richter (→**57**), wo ein Möbel mit frei beweglichen Glaspaneelen durch die Spiegelung wie eine „flügelschlagende Libelle" Dynamik und Leichtigkeit vermittelt.

Der Gästetrakt im 1. Obergeschoss

Da die Grenze zwischen Innen- und Außenraum, halböffentlich und privat im Atrium und den angrenzenden Räumen des Erdgeschosses verschwimmt, wählte Frey auch für die Verbindungsstege im ersten und zweiten Obergeschoss einen Terrazzoboden. Wie im übrigen Haus besteht im Gästeappartement ein klarer Zusammenhang zwischen Nutzung und Bodenbelag: Von den allgemeinen Bereichen aus Stein wird ein Übergang zu den Rückzugsorten durch Linoleum (später durch Laminat ersetzt) signalisiert, das leicht zu reinigen und strapazierfähig ist. Im Gegensatz dazu wurde im Familienbereich oft ein Teppichboden verwendet, der zwar eine eher warme, intime Wirkung besitzt, doch auch einer intensiveren Pflege bedarf.
Die Schwelle zwischen Aufenthalts- und Privatbereich wird vor allem beim Gästeappartement im ersten Obergeschoss spürbar, das über die Brücke erschlossen wird (→**59**) und sowohl durch die Anordnung wie durch die Materialwahl privater und geschützter wirkt. Auch die Schrägstellung der Tür und ihre Ausrichtung nach Norden deutet eine weitere Teilung des Zimmers in den Empfangs- und Garderobenbereich sowie in den Aufenthaltsbereich und Schlafbereich an. Auch hier erzeugt die Tür als Gestaltungsmittel eine starke räumliche Dynamik, die durch die Eliminierung der Ecken verstärkt wird und so einen fließenden Übergang zum Raum bildet. Vom Fenster nach Norden (→**60**) überblickt man Garage und Zufahrt, während der Blick ins Gästeappartement vom Atrium bzw. der Brücke aus auf den Schwellenbereich zwischen Garderobe und Bad beschränkt bleibt.
Der Garderobenschrank, der mit vorgefertigten Konstruktionsprofilen (welche auch bei anderen Schränken verwendet werden) ausgestattet und nur durch Vorhänge von seiner Umgebung getrennt ist, wurde wie die anschließende Bank schräg ins Eck gebaut. Durch die Abschrägung und Durchdringung der einzelnen Elemente wollte Frey zusätzliche Winkel im Raum vermeiden, wie etwa durch die abgerundete, um die Ecke laufende Bank.

(59) Atrium, Erschließung des Gästetrakts im 1. Obergeschoss, Ansicht von Südosten (Foto: M. Böllstorf, 2010)

Der offene Wohnbereich selbst besitzt eine einladende, beinahe höhlenartige Wirkung, die durch den Einbau von zwei vorspringenden Leichtbauwänden, welche die eigentlichen Schlafzonen wie Alkoven vom übrigen Raum abtrennen und vom Eingang uneinsehbar machen, unterstützt wird (→**27**). So erzeugt Frey drei Zonen in einem Zimmer, wodurch sich Eingang, Aufenthaltsbereich und Schlafplatz ergeben.

(60) Garderobe des Gästezimmers im 1. Obergeschoss (Foto: T. Levak, 2010)

Durch die Schachtwände auf der linken Seite und die Trennwand zur Schlafkoje auf der rechten Seite entsteht eine Erkersituation, die Frey für ein Fenster zum Atrium nützt. Dieses traditionelle Element mit zwei nach außen zu öffnenden Flügeln in der Mitte und einer Unterteilung mit schmalen Holzsprossen erzielt eine romantische Wirkung und erinnert in Kombination mit dem Spalier an der Außenseite ebenfalls an einen Dorfplatz (→**1**,→**5**). Auch die Differenzierung der beiden Gebäudetrakte wird hier sichtbar: Im Vergleich zum kleinen Kinderschlafzimmerfenster an der gegenüberliegenden Wand des Atriums, das mehr Privatsphäre zulässt, verbindet das Fenster im Gästezimmer Außen und Innen und rahmt geradezu die Aktivitäten der Benutzer, ohne jedoch den Rückzugsort der Schlafkojen freizugeben. Auch das große dreieckige Eckfenster, das analog zu jenem im Elternschlafzimmer gestaltet ist (→**12**), stellt einen direkten Bezug nach außen her und bringt die Natur ins Gebäude. Wie beim Garderobebereich wird die Ecksituation aufgelöst und eine Abschwächung der Geometrie mit einer weich fließenden Raumwirkung erzielt. Wird man am Tag von den Ästen der Bäume beinahe in die Arme genommen, so könnte nachts die Glasecke wie ein schwarzes Loch erscheinen; um dies zu verhindern, hat Frey Scheinwerfer geplant, welche die Baumkrone gleichmäßig beleuchten.

Das Gästebadezimmer

Wie beim Familienbad besitzt auch das Gästebad, das man über den Garderobenbereich des Gästezimmers betritt, hausseitig einen rechteckigen Grundriss, der sich nach außen zu einem unregelmäßigen Fünfeck erweitert und erkerfömig vorspringt (→**27**). In diesem rechtwinkeligen Keil gegenüber der Eingangstür treffen ein Fenster und ein Spiegel zusammen, der genau den Dimensionen des Fensters entspricht und so den Raum optisch nach außen erweitert und die Ecke in eine scheinbar gerade durchgehende Wand verwandelt (→**10**). Die in den erkerförmigen Keil eingepasste und zum Fenster hin orientierte große Badewanne, die ursprünglich ebenso einen fünfeckigen Grundriss besaß und mit Mosaikfliesen verkleidet war, wurde jedoch undicht und durch ein Standardprodukt ersetzt. Die abgehängte Decke aus mattierten Glasscheiben in einem metallenen Raster ist mit Leuchtstoffröhren hinterleuchtet und lässt so den Raum größer und leichter wirken. Der diagonale Raster erzeugt zusätzlich den Effekt, dass sich der Raum ausdehnt und über sich selbst hinausweist.
Die horizontalen Spiegelstreifen, die den Raum in regelmäßigen Abständen „durchschneiden" und auch den Benutzer optisch fragmentieren, sind so angebracht, dass man sein Gesicht immer dann im Spiegel betrachten kann, wenn man aufrecht steht, sitzt oder in der Badewanne liegt. Zusätzlich wurden sie auch beim Schnittpunkt zwischen Wand und Decke angebracht und lassen den Raum durch die Reflexionen des diagonalen Rasters an der Decke weiter ausbreiten. In den Ecken entstehen sternförmige, kaleidoskopartige Figuren, ähnlich wie die Spiegelung über dem Brunnen im Atrium.
Vergleicht man die beiden Bäder, so zeichnet sich eine übergeordnete Entwurfsidee ab: Der den weiblichen Funktionen zugeordnete, stärker von Ute Zankel genutzte Familientrakt wirkt femininer, während der vorwiegend von Karl Zankel und seinen Freunden verwendete Gästetrakt eher maskulin konnotiert ist. Dieser Gegensatz zeigt sich etwa in den warmen Farben, der Holzverkleidung und den mehr nach innen orientierten Spiegeln im Familienbad. Das Gästebad hingegen verrät durch die wesentlich kälteren Materialien und Farben ein härteres, unruhigeres Wesen, das durch die zahlreichen Spiegeleffekte extrovertierte Züge annimmt.

Kinderzimmer, Brücke und Gästezimmer im 2. Obergeschoss

Das zweite Obergeschoss (→**28**) ist das kleinste der drei Geschosse und beinhaltet ein Kinderzimmer, ein kleines Gästezimmer und eine fünf Meter lange Verbindungsbrücke im Atrium. An der westlichen und östlichen Seite des Hauses ist jeweils eine kleine Terrasse angefügt, die über den beiden erkerförmig vorspringenden Badezimmern aufruht.
Über die Treppe im Familientrakt gelangt man direkt ins Kinderzimmer im Nordosten und befindet sich in einer Art Pufferzone, die durch zwei raumhohe, semitransparente Plexiglasfaltelemente und einen Kaminabzugsschacht vom eigentlichen Raum getrennt ist (→**61**). Durch das Deckenfenster über der Stiege und die verglaste Terrassentür ist diese Zone sehr hell, während die Kippflügelfenster an der Nord- und Ostwand zusätzlich für viel Licht sorgen. Durch die flexiblen Faltelemente kann im nordwestlichen Teil ein Arbeitsbereich wie auch eine eigene Erschließungszone für die östliche Terrasse abgetrennt werden. Als vertikale Achse des Kinderzimmers steht der Kamin im Knickpunkt des L-förmigen Grundrisses, der auch eine Sitzgelegenheit bietet. Die Materialien des Raumes wie etwa der gelbe PVC-Boden verbreiten eine Spielzimmeratmosphäre. An der Westseite gibt es eine einflügelige, weiß beschichtete Holztür und eine zweiflügelige Tür mit Naturholzsprossen und Mattglaseinsätzen, die auf die Brücke des Atriums und auf eine Terrasse führen.
Diese Verbindung bildet das Herzstück des zweiten Obergeschosses (→**62**) und kann auf verschiedene Arten genutzt werden: als Vergrößerung des Kinderzimmers, als witterungsgeschützter Wintergarten oder als Erschließung des Gästezimmers. Man hat von hier einen guten Blick auf die Folienkonstruktion der Atriumhaut (→**63**), auf die darunterliegende Brücke, die Wendeltreppe und den Eingangsbereich, während Richtung Süden nur eine kleine dreieckige Öffnung einen Durchblick gewährt, die durch den Knick in der Schräge der Außenhautkonstruktion entsteht.
Durch die uneinsehbare Lage wirkt die Brücke wie ein Aussichtspunkt und besitzt eine Atmosphäre zwischen Geborgenheit und Enthobensein von alltäglichen Belangen. Die diffuse Lichtstimmung vermittelt den Eindruck, als wäre man unter freiem Himmel, was durch die im Osten und Westen der Halle angebrachten Oberlichte für die Belüftung verstärkt wird. Bei Regen oder Hagel funktioniert das gesamte Atrium wie ein Resonanzkörper, der durch die gespannten Folien den Raum zu einer Trommel macht.
Die Raumform, die durch die transparente Hülle viel größer wirkt, beinhaltet einen Knick, der axial von Norden nach Süden verläuft und sich gleichermaßen durch alle drei Geschosse zieht und im Muster des Terrazzobodens aufgenommen wird. Weiterhin teilen die farbigen Terrazzoflächen die Brücke in zwei Zonen, den roten Weg und die weiße Verweilzone.

(61) Kinderzimmer im 2. Obergeschoss Richtung Nordosten (Foto: F. Zankel, 2010)

(62) Ansicht der Brücke im 2. Obergeschoss Richtung Osten (Foto: F. Zankel, 2010)

(63) Brücke im 2. Obergeschoss Richtung Norden (Foto: I. Rebhandl, 2010)

Das zweite Gästezimmer (das aber auch von der Hausherrin, Ute Zankel, benutzt wurde) wird durch eine blau beschichtete Tür betreten, welche sie als Teil des Gästetrakts markiert. Eine Glastür zur Westterrasse, ein schmales Eckfensterband Richtung Nordwesten und ein Deckenfenster im Süden sorgen für die Belichtung des kleinen Raumes und für einen weiten Panoramablick nach außen (→**64**). Im Eck des Fensters befindet sich eine nach innen versetzte Stütze, welche die Ableitung der Kräfte des Daches sichtbar macht. Die Laibung der Terrassentür, deren Schwelle rund 25 Zentimeter über Bodenniveau liegt, verjüngt sich nach oben um zirka 10 Zentimeter, da die östliche und westliche Wand des Hauses nach oben hin schlanker wird (→**24**). Die Wand erhält dadurch eine eigene plastische Qualität, die der sonst vorherrschenden Idee dünner, flexibler Raumgrenzen entgegensteht. Ein Schacht in der Mitte der Wand zum Atrium verwandelt die süd-

(64) Gästezimmer im 2. Obergeschoss Richtung Nordwesten (Foto: F. Zankel, 2010)

liche Hälfte in eine weitgehend abgetrennte, durch das Dachfenster sehr helle Schlafkoje. Durch den äußerst privaten Charakter des Zimmers eignete es sich am besten als „Eremitage" der Hausherrin.

Die Terrassen

Die beiden Terrassen an der Ost- und Westseite übernehmen jeweils die unregelmäßige Form der darunter liegenden Badezimmer, wodurch die sechseckige, größere Ostterrasse und die fünfeckige Westterrasse entstehen (→**28**). Durch die schräg verlaufende Außenmauer heben sich die Terrassen nicht als Solitäre ab, sondern fügen sich in das Gesamtbild ein.
Besonders bei der keilförmigen Westterrasse trägt die Verlegung des gerillten Holzlattenbodens in Ost-West-Richtung stark zur dynamischen Wirkung bei (bei der Ostterrasse in Nord-Süd-Richtung). Das Geländer selbst ist, wie das Stiegengerüst, aus roten Stahlrohrrahmen gefertigt, wobei die geplante Brüstung aus Gitterfolie nicht realisiert wurde. Die Ostterrasse überspannt außerdem eine aus vier Rahmen bestehende Pergola. Der Bezug zur Natur besitzt für das Haus Zankel leitmotivische Funktion: Die das Haus auf beiden Schmalseiten umfassenden Bäume ragen weit in die Terrassen herein und vermitteln den Eindruck eines Baumhauses.

Die Garage als Gebäude in „beschleunigter Perspektive"

Die aus drei Massivwänden gebildete Garage besitzt an ihrer vorderen Schmalseite ein Kipptor aus Blech und zwei seitliche Türen aus demselben Material (→**65**). Sie wird von einem leicht und filigran wirkenden, segmentbogenförmigen Dach überdeckt. Von der östlichen, nach vorne gezogenen Außenwand überspannt die Dachkonstruktion zusätz-

(65) Ansicht der Garage von Süden (Foto: P. Eder, 1985)

lich einen Vorplatz, welcher sich als Unterstand für zwei Fahrzeuge eignet. Biegt man von der Straße in das Grundstück ein, fährt man in einem Schwung auf die linkerhand am Ende der Zufahrt liegende Garage zu. Diese Sogwirkung funktioniert aus mehrere Gründe wie ein Automatismus: Zum einen verbreitert sich die Zufahrt ab dem Scheitelpunkt ihres Bogens nach hinten und „zoomt" dadurch das Gebäude optisch heran. Aber auch das Gebäude selbst wirkt wie ein Trichter, da die beiden Seitenwände nicht parallel zueinander stehen, sondern sich nach Süden öffnen (→**13**). Weiterhin erzeugt die Verlängerung der Ostwand die Wirkung einer „beschleunigten Perspektive", wie sie von der Malerei des Expressionismus bekannt ist und hier in die dritte Dimension übertragen wurde.

Schließlich wird die Garage durch die asymmetrischen Anlage zur Einfahrt geöffnet, wobei das Vordach an der hinteren, längeren Seitenwand aufruht, aber an der vorderen, dem Ankommenden zugewandten Seite nur von einer filigranen Stahlstütze gehalten wird, sodass insgesamt ein Gefühl von Bewegung und Geschwindigkeit erzeugt wird. Die Wahl von kräftigen Primärfarben – gelb für die Wände, rot für die Dachträger – folgt ebenso einer Automobilästhetik.

Die Dachkonstruktion aus transluzenten Folien, die wie beim Haus selbst zwischen längsgerichteten Aluminiumprofilen gespannt sind, erzeugt auch eine vertikale Öffnung. Zur besseren Lastabtragung sind die Profile auf leicht gebogenen, quer gelagerten Dreigurtträgern

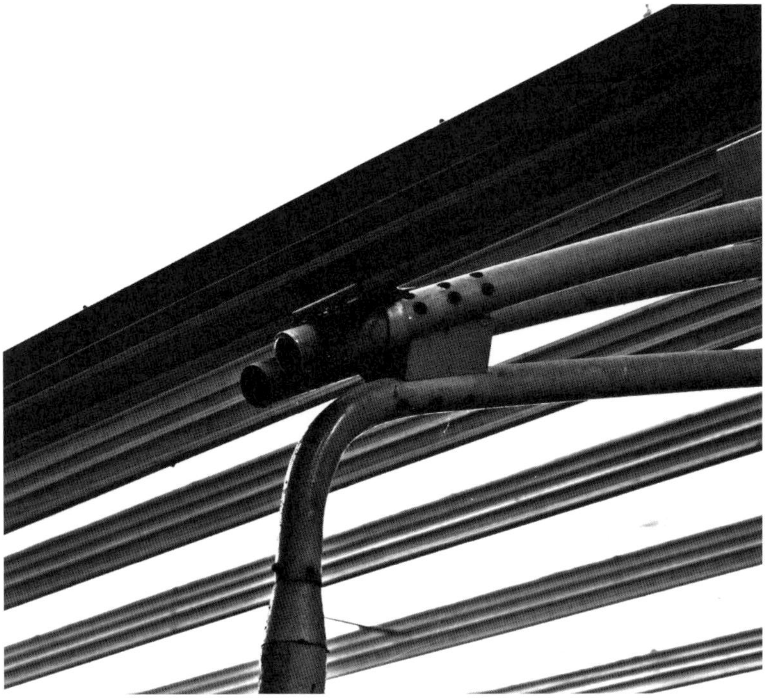

(66) Garage, Detailansicht vom Dreigurtträger, Knotenpunkt (Foto: M. Böllstorf, 2010)

montiert, sodass das Dach vom Garagenkörper abgehoben zu schweben scheint (→**66**). Die dadurch entstandene Fuge zwischen Dach und Mauer ist zum Witterungsschutz auf der Rückseite und den Längsseiten mit Plexiglasplatten geschlossen, das Bogenfeld vorne wurde hingegen offen gelassen. Während die Rückseite halb im nach Norden ansteigenden Gelände eingegraben ist und das Fensterband auf Bodenniveau sitzt, wird die Garage nach vorne und oben durch das leichte, „schwebende" Dach geöffnet. Die Luftigkeit der Konstruktion bewirkt eine starke Verbindung zwischen Innen- und Außenraum, auch da man sich durch das Foliendach wie unter freiem Himmel fühlt. Umgekehrt wird der Unterstand vor der Garage vom auskragenden Dach und der ebenfalls bis zur Dachkante laufenden Bodenplatte als Baukörper gefasst und somit zur Übergangszone zwischen innen und außen.

Bei Betreten des Grundstücks ist der riesige Baum, der unmittelbar rechts neben der Garage seine Äste über dem Foliendach ausbreitet, das Erste, was ins Auge fällt. Die Zufahrt zur Garage führt links und der Weg zum Haus Zankel rechts vorbei. Bezüglich der räumlichen Komposition fungiert der Baum als Scharnier zwischen beiden Baukörpern, was in übertragenem Sinn auch für die Haltung zur Natur von Architekt und Bauherr gilt. Frey sieht in der Natur das Vorbild eines Effizienzprinzips, das er als Grundlage seines eigenen Architekturverständnisses zu nutzen versucht, und führt so seine Architektur buchstäblich auf den ursprünglichen „Lehrmeister", die Natur, zurück. So begründet sich die dynamisch expressive Form der Garage, ähnlich wie das Haus Zankel selbst, nicht durch eine formale Geste oder aus reinem Selbstzweck, sondern aus der Funktion heraus: „Funktion ist einfach das, was man kann – in aller Summe."[21]

[21] Frey 2010 (wie Anm. 7).

Edvin Bufi

ENTWURFS- UND BAUGESCHICHTE

Auftrag und Konzept

Eigentlich wäre es naheliegender gewesen, dass Karl Zankel ein Architekturbüro aus dem Raum Genf mit dem Bau seines Hauses beauftragt hätte. Da Zankels Frau Ute aber eine Cousine von Konrad Freys Frau Bärbel war, wandte sich Zankel an den entfernt verschwägerten Architekten in Graz.[1] Die große räumliche Distanz machte es erforderlich, dass der Kontakt zwischen Bauherr und Architekt hauptsächlich brieflich oder per Fax erfolgte, sodass wir heute aufgrund dieser im Archiv von Konrad Frey erhaltenen schriftlichen Quellen über die insgesamt neunjährige Entstehungszeit von Entwurf und Bauwerk bestens unterrichtet sind.
Das älteste Dokument ist ein undatierter, aber wohl vom Frühjahr 1976 stammender handschriftlicher „Versuch für das Programm des Babenheims (Bh)" – „Baben" war die familieninterne Bezeichnung für die Kinder Therese und Clemens –, in dem Karl Zankel seine Vorstellungen festhielt:

> „Bh. soll das Heim für eine Familie sein u. zugleich ein Haus mit einer offenen Tür für den Freund u. den Fremden.
> Der Raum, in dem man zuerst eintritt, soll daher groß, licht und zum Eintreten einladend sein. Kinder sollen dort selbst frei spielen

[1] Konrad Frey im Gespräch mit Patricia Fischer, Graz, 25.11.2010.

können u. in ihren phantasievollen Unternehmungen gefördert sein.
In einem Intimteil des Hauses soll die Familie wohnen: Um den Hausherd gruppieren sich eine Eßecke, im Kinderaufenthaltsraum u. ein Raum für die Frau.
Von diesem Wohnteil getrennt soll ein großer Raum sein, in dem die Gäste eine Atmosphäre der Weite u. der Empfangsfreudigkeit verspüren. Eine kleine Küche u. ein Arbeitszimmer des Hausherrn sowie 2 Gästezimmer in einem Oberstock sei dem zugeordnet.
Technische Bemerkungen:
1) Bh soll in Harmonie mit den vorhandenen alten Bäumen auf dem Grundstück stehen.
2) Der Eingang ist von Norden kommend vorzusehen.
3) Der Boden erlaubt keinen Keller; die Wohnräume sollen ebenerdig sein.
4) Eine Sonnenheizung ist vorzusehen.
5) Der Großteil der Wände soll von einer wärmeisolierenden Struktur Holz-Glaswolle-Holz (Holzfaserplatten) sein."[2]

Skizzen des Architekten vom August 1976 zeigen das Konzept sowie die funktionelle Anordnung der Räume mit dem Raumbedarf. Von der Garage kommend, gelangt man über den „gedachten Zugang" in einen „großen, lichten und einladenden" Bereich, wo die Kinder spielen sollen.[3] Von hier aus erschließen sich zwei größere Wohnbereiche, einer für die Familie und einer für die Gäste, der Weite und Empfangsfreudigkeit ausstrahlen soll. An diesen Raum schließen zwei Gästeschlafzimmer, eine kleine Küche sowie das „Zimmer Hausherr" an. Das Raumprogramm im Familienbereich besteht aus zwei Kinderschlafzimmern, einem Doppelschlafzimmer, dem Zimmer der Frau, dem Kinderaufenthaltszimmer und einer Essecke. Bemerkenswert ist, dass kein Bereich als Küche bezeichnet wird, sondern der Begriff „Herd", wie im „Programm des Babenheims" auch, für die Küchen steht.

Entwürfe

„Das Haus ist unheroisch aus dem Grund heraus entwickelt, hier bergend geschlossen, dort gläsern geöffnet, um Sonne und Licht einzufangen."[4] So wird das Haus 1984, ein Jahr vor der Fertigstellung, im Katalog der legendären *Grazer Schule*-Ausstellung beschrieben. Die Entwicklung des Entwurfs gliedert sich in drei Phasen, die

[2] Karl Zankel, Versuch für das Programm des Babenheims (Bh), o. J., 1–2, AKF.
[3] Konrad Frey, Skizzen Diagramm Raumbedarf bzw. Konzept (bez. 2), August 1976, Bleistift auf Transparentpapier, 36 x 30 cm, AKF.
[4] Architektur-Investitionen. Grazer „Schule". 13 Standpunkte, Ausst.-Kat. Forum Stadtpark, Graz 1984, 17.

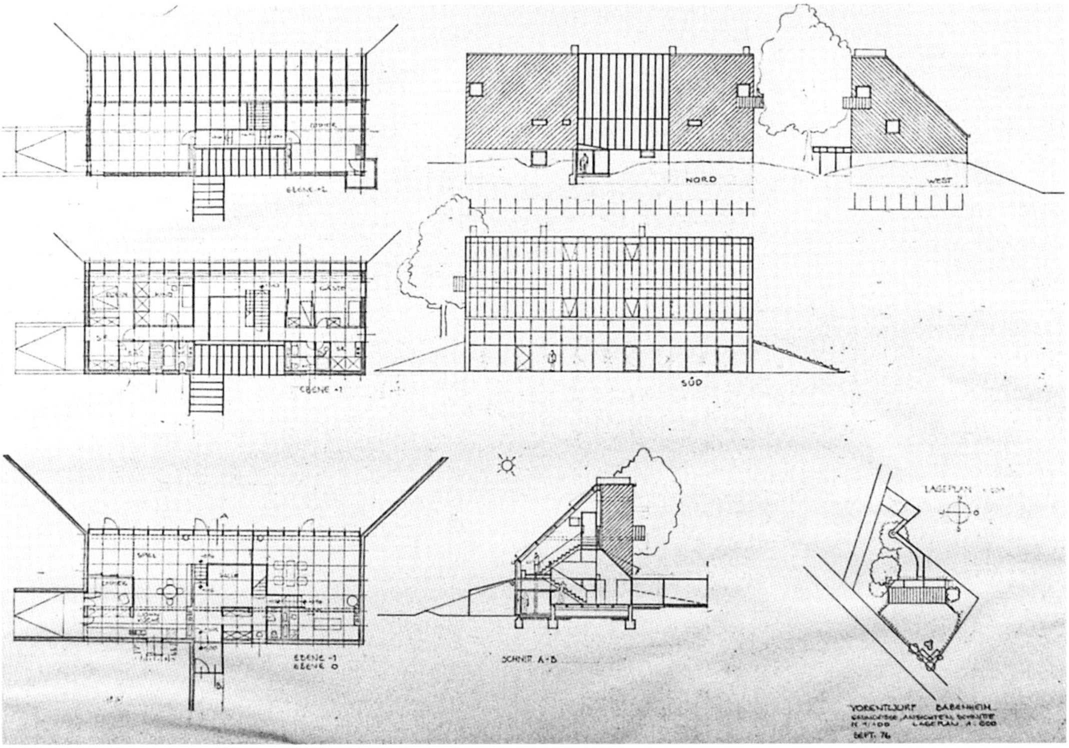

(67) Babenheim Entwurf 1 (bez. 6), September 1976, AKF

auch in den Plänen und Skizzen von September 1976 bis August 1977 so nummeriert wurden.

Der erste Entwurf vom September 1976 (→**67**) sieht einen einfachen, rechteckigen, sich in Ost-West-Richtung erstreckenden Grundriss von 18 x 8 Metern mit einem Raster aus Quadraten zu je einem Meter Seitenlänge vor. Die Südfassade ist ab dem ersten Obergeschoss bis hinauf zum schmalen Flachdach um 45 Grad geneigt. An der Nordfassade springt ein verglaster Mittelteil zurück, um das hier bereits geplante Atrium („Halle") zu belichten, sodass östlicher Familien- und westlicher Gästetrakt wie eigene Risalite wirken. Im Erdgeschoss sind das Kinderspielzimmer und zwei Wohnräume mit Küche sowie ein Zimmer, wahrscheinlich jenes für die Frau, geplant. Im Obergeschoss befinden sich die Räume der Familie und die der Gäste mit dazugehörigen Sanitärräumen. Eines dieser Zimmer besitzt einen Balkon, der an der Ecke von Nord- und Westansicht orthogonal hervorragt. Die zwei Bereiche werden durch eine „Brücke" miteinander verbunden. Die Öffnungen nach außen sind, abgesehen vom Haupteingang, an der Südseite vorgesehen. Hier befinden sich auch die einzigen nicht rechtwinkeligen Elemente des Grundrisses: zwei von den Gebäudeecken abstehende Mauerzungen, die sich im Winkel von 45 Grad nach außen hin öffnen und die Orientierung nach Süden betonen.

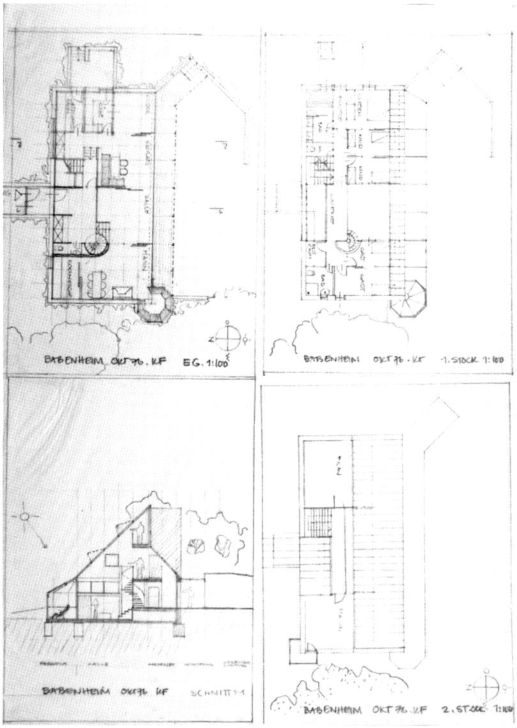

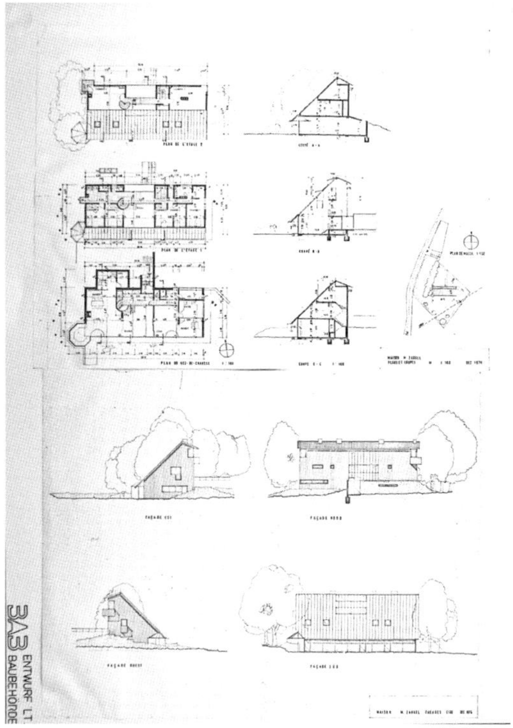

(68) Babenheim Entwurf 1.1 Grundriss und Schnitt, Halle (bez. 7), Oktober 1976, AKF

(69) Babenheim Entwurf lt. Baubehörde, Grundriss, Schnitt, Ansicht (bez. 11), Dezember 1976, AKF

Vom Oktober des Jahres 1976 existieren Pläne, die eine Weiterentwicklung des ersten Entwurfs zeigen und als Entwurf 1.1 bezeichnet werden können (→**68**).[5] Die Seitenlänge der Rasterquadrate ist auf 120 Zentimeter vergrößert; von Ost nach West gibt es somit 15 und von Nord nach Süd sieben Felder. Die vertikale Erschließung bis zum zweiten Obergeschoss erfolgt nun links (östlich) vom Haupteingang. Rechts (westlich) davon gibt es zusätzlich eine Wendeltreppe, die nur ins erste Obergeschoss führt. Der Eingangsbereich hat ein um einen Meter höheres Niveau als das übrige Erdgeschoss. Es gibt nur mehr eine freistehende Mauer in den Garten, nämlich diejenige im Osten, die im Grundriss wie ein Greifarm wirkt. An der südwestlichen Ecke ist ein achteckiger Wintergarten angeschoben, eine Frühform des „Salettl".
Von der Raumaufteilung ergeben sich zwischen Entwurf 1 und 1.1 nur unwesentliche Änderungen im Erdgeschoss. Von der Ebene des Eingangsbereiches gelangt man nun über fünf Stufen in die untere Ebene. Eine Treppe erschließt die Halle, eine weitere führt zum Wirtschaftsraum, zur Küche, zum Kinderzimmer sowie zum Essplatz. Im Eingangsbereich ist zusätzlich eine Toilette geplant. Vom Atrium gelangt man auch zu einem Raum, der die Bezeichnung „Mann" trägt.

[5] Konrad Frey im Gespräch mit Edvin Bufi, Graz, 02.12.2010.

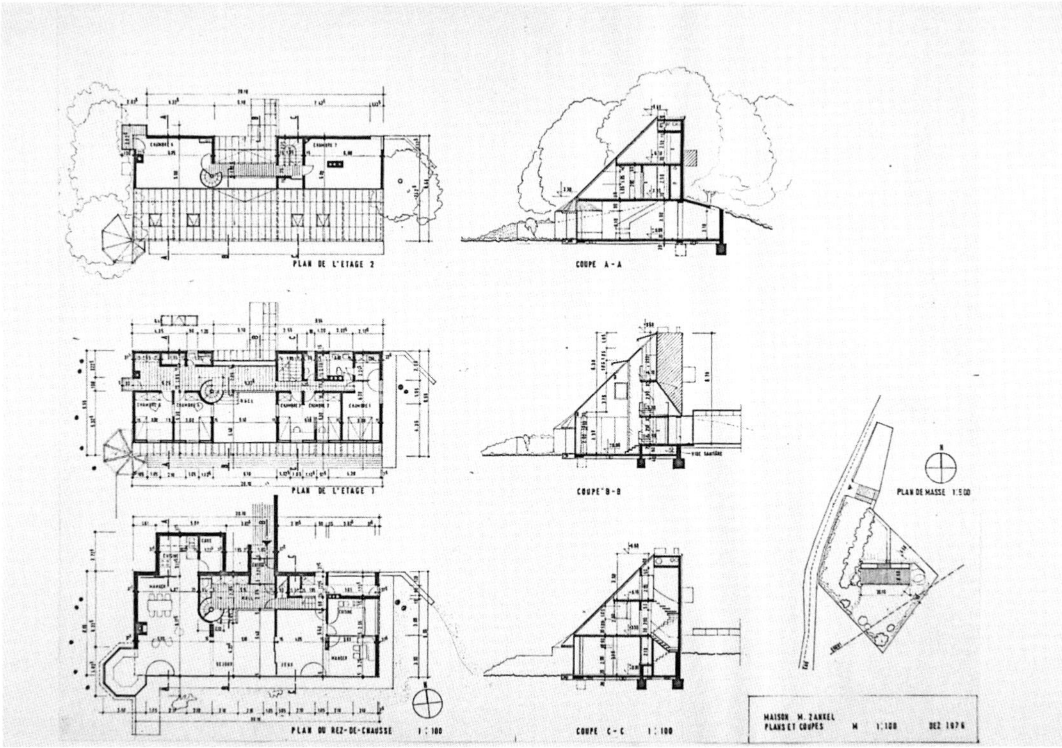

(70) Babenheim Entwurf 2, Grundrisse und Schnitte (bez. 10), Dezember 1976, AKF

Dieser war wohl für den Hausherrn vorgesehen, und bot auch eine Kochnische im hinteren Bereich. Im ersten Obergeschoss wird die Brückenverbindung der Familien- und Gästebereiche geändert und trägt nun den Namen „Galerie". Die beiden Zimmer im obersten Geschoss bleiben unverändert, lediglich die Bezeichnungen „Mann" und „Frau" werden den Zimmern zugeordnet.

Vom zweiten Entwurf existieren Entwurfspläne (→**70**,→**71**) sowie auch behördliche Einreichpläne (→**69**), beide datiert mit Dezember 1976. Grundsätzlich orientiert sich diese Phase des Entwurfs am vorangegangenen, lediglich in den Grundrissen wurden einige Änderungen vorgenommen: Der Eingangsbereich wird nun etwas verschmälert und die Wendeltreppe bis ins zweite Obergeschoss geführt. Weiterhin tauschen im Erdgeschoss die Funktionen Kinderspielen und Essplatz die Plätze. Die Verbindung zum „Salettl" wird erweitert, sodass diese Sitzecke nun räumlich stärker ins Gebäude integriert wirkt. Auch im Norden wird der rechteckige Grundriss nun etwas aufgebrochen und um eine Küche sowie einen kleinen „Kellerraum" ergänzt, wovon einzig das geneigte Fenster über dem Erdboden liegt. Die Besonderheit dieses Entwurfs besteht darin, dass das Erdgeschoss und das Atrium über alle drei Geschosse verglast sind. Außerdem wird die freistehende Mauer weiter nördlich zur nordöstlichen Ecke hin verschoben.

BA3 ENTWURF 2

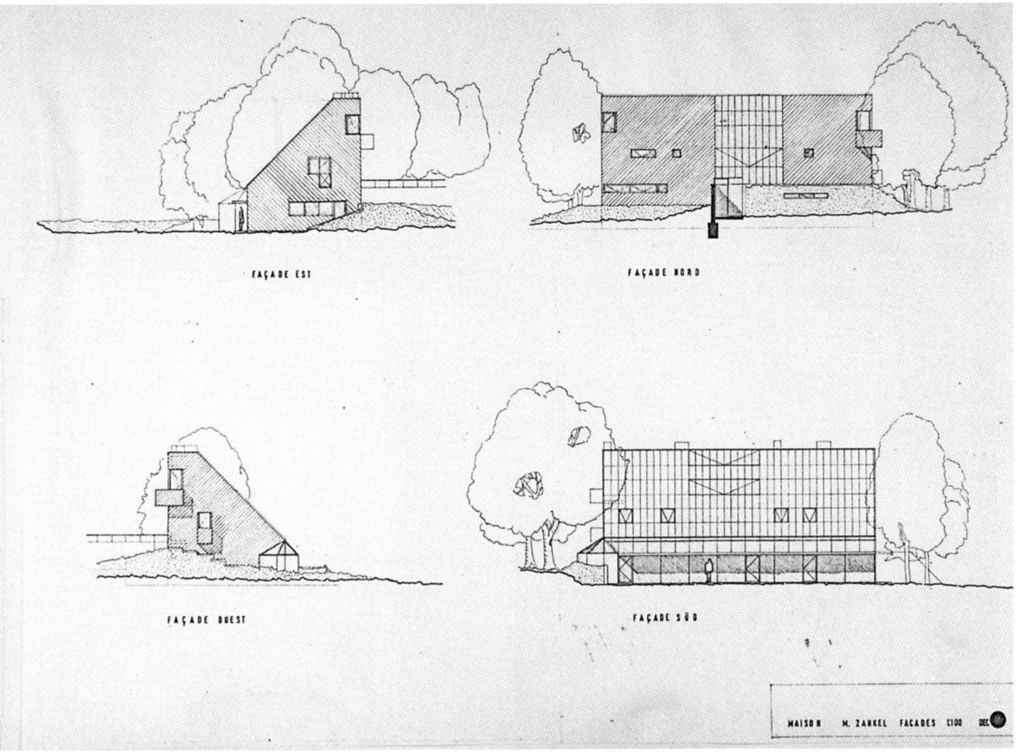

(71) Babenheim Entwurf 2, Ansichten (bez. 10), Dezember 1976, AKF

Für die Baubehörde wurde der Entwurf jedoch in etwas geänderter Form dargestellt. Das Dach neigt sich auf den Einreichplänen nach Norden hin, der Einschnitt in der Nordfront wird gänzlich entfernt. Laut Auskunft des Architekten wurden diese Maßnahmen zur „Verniedlichung" getroffen, damit die Baubehörde den Entwurf leichter genehmigen würde.[6]
Den großen Änderungsschritt beim dritten Entwurf erklärt Konrad Frey heute damit, dass die Grundrisse im Anfangsstadium eher „brav und funktionierend" gewesen seien, doch lediglich ein passives Haus ohne „Witz und Anregungspotenzial" geboten hätten.[7] Am 1. Mai 1977 wurden die Grundsätze für diesen dritten Entwurf niedergeschrieben. Da sich die geneigte Hauptansicht nach Süden hin orientiert, gibt es dort eine maximale Einstrahlung im Winter und eine geringere im Sommer. Im Winter empfängt die Südfront das Doppelte an Strahlung als die drei anderen Seiten zusammen, im Sommer nur etwa ein Fünftel. Das Schema des neuen Entwurfs ist ein „großes Volumen mit geringem Aufwand", das räumlich „großzügig dennoch differenziert" gestaltet ist.[8] Weitere wesentliche Punkte sind eine angemessene Speichermasse, eine Beschattung für die verglasten Flächen sowie eine Entlüftung durch

[6] Ebd.
[7] Ebd.
[8] Konrad Frey, Grundsätze des Entwurfs 3 (bez. 14), 01.05.1977, AKF.

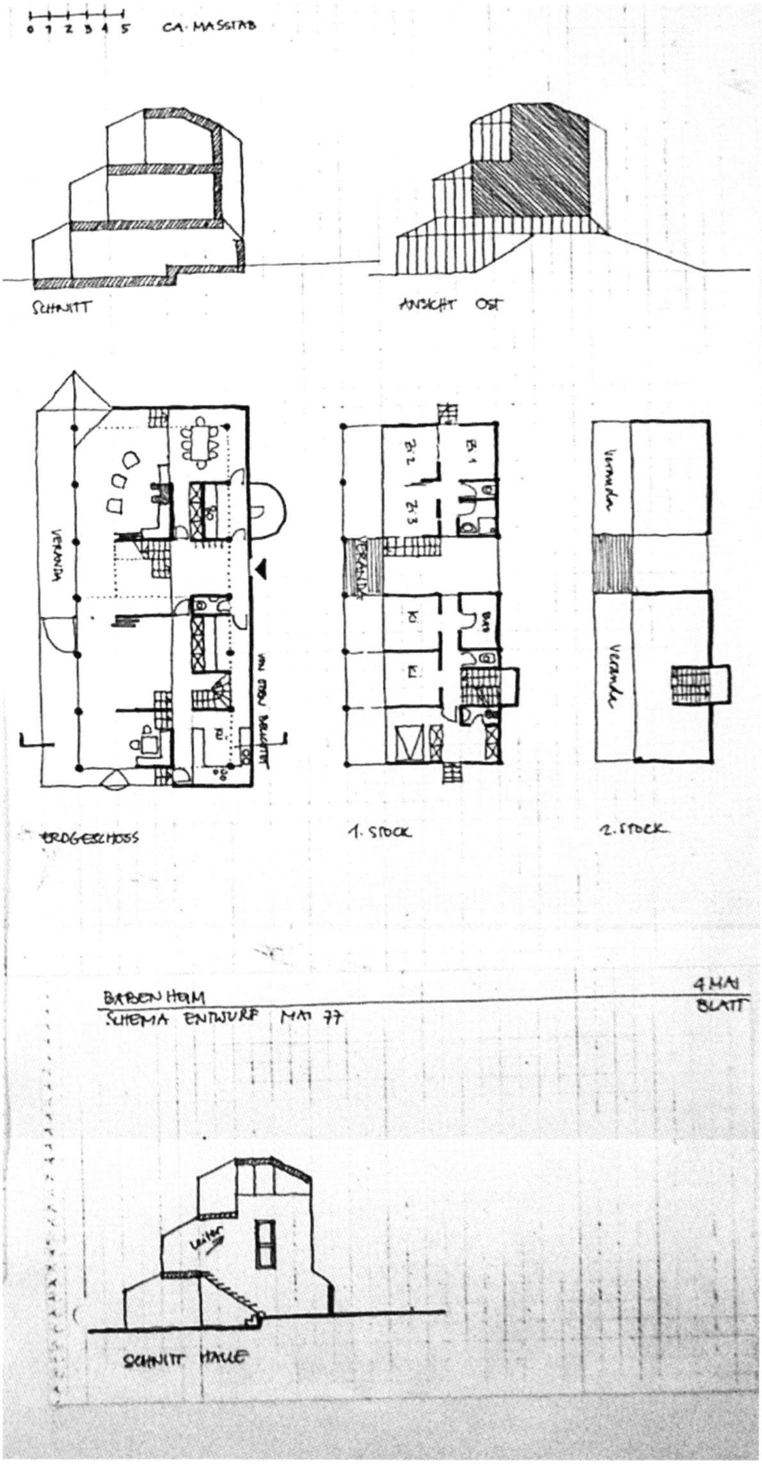

(72) Babenheim Schema Entwurf 3 (bez. 15), 01.05.1977, AKF

(73) Modell von Entwurf 3 (verschollen), Ansicht von Nordosten, um Mai 1977, AKF

(74) Modell von Entwurf 3 (verschollen), Ansicht von Südosten, um Mai 1977, AKF

Thermozirkulation mit Zuluft von Norden. Bemerkenswert ist hier, dass eine Sonnenheizung als zu aufwändig gesehen wird. Die Wärme soll nur passiv von der Sonne geholt werden.[9]

In einer Notiz vom 3. Mai 1977 hält Frey seine eigenen Kritiken am Entwurf 2 vom Dezember 1976 fest: Das Atrium sei zu groß und nicht zu benutzen, die Südansicht sei zu mächtig und nicht differenziert, auch die Dachschräge stelle ein Problem für die Raumausführung dar. Weiterhin seien zu wenig Schrankraum, ein aufwändiger Küchenausbau im Erdgeschoss, ein unnatürlicher Abgang zum Kinderspielraum und eine unbrauchbare große Diele im Schlafraum des Gästetrakts als Schwächen anzusehen. Im Besonderen weist Frey noch einmal auf den großen Aufwand des Solarenergiekonzeptes mit Kollektoren und Speichern hin. Es wird auch festgehalten, dass aufgrund des großen Wärmeverlustes nach Norden hin eine konsequente Dämmung der Nordfassade und der Halle geplant sei. Die Südseite solle mit Veranden, die als Pufferzone wirken, ausgestattet sein, große Öffnungen haben und beschattet werden. Nach Osten hin offen ließen sie die Morgensonne herein, nach Westen hin werde die Front durch Bäume abgeschirmt. Das große Volumen des Innenraums solle mithilfe eines Stahlskeletts, massiven Decken und Wänden sowie Verglasungen, ähnlich wie bei Gewächshäusern, ausgeführt werden. Das Haus solle von außen auf drei verschiedenen Niveaus erreichbar sein. Mit Ausnahme des Familientrakts seien überall Schiebetüren zu planen, um offene Räume zu erzeugen. Die Konstruktion solle Stahlrahmen in Querrichtung des Hauses vorsehen, Decken aus Stahlbeton und massive Mauern mit Außendämmung und Holzverkleidung.[10]

In dieser Entwurfsphase ist in jedem Geschoss eine Veranda geplant, die durchgehende Dachschräge wird zugunsten einer Terrassierung aufgegeben und das „Salettl" wird als formales Überbleibsel in die Veranda des Erdgeschosses aufgenommen. Die geänderte Erschließung aller Geschosse erfolgt nun im Familienbereich; die Stiege im Atrium verbindet nur Erdgeschoss und Obergeschoss (→**72**).

[9] Ebd.
[10] Konrad Frey, Babenheim Erläuterungen (2 Seiten, bez. 15), 03.05.1977, AKF.

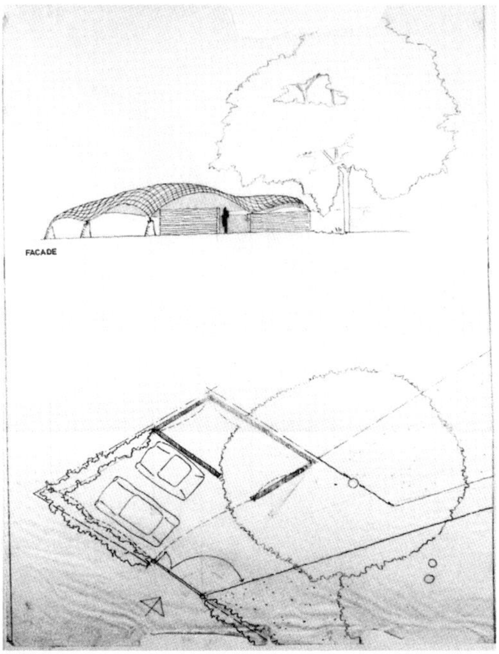

(75) Skizze Garage Version 1, Ansicht, Grundriss (bez. 39), um August 1977, AKF

Dieser Entwurfsstand wird nach einigen Versuchen ebenfalls im Mai 1977 zu Ausführungsplänen weiterentwickelt, in denen zwar die Veranden wieder entfernt, die Terrassierung der Geschosse jedoch bestehen bleibt. Weitere Änderungen betreffen das nach Süden hin geneigte Dach (→**73**,→**74**) und eine zusätzliche Treppe, die vom ersten ins zweite Obergeschoss führt. Der Wohnraum des Gästetrakts nimmt hier bereits das „Salettl" komplett auf.[11] Auch werden die Grundrisse gemäß des neuen Leitthemas *open plan* gelockert und lösen sich von den streng orthogonalen Formen los.[12] Das Spielerische tritt mehr in den Vordergrund und die Räume scheinen fast ineinander zu fließen. Der Haupteingang erweitert sich um einen trichterförmigen Raum; in der Ostseite wird ein weiterer Eingang geplant. Die freistehende Mauer rückt in die Mitte der Ostfront und im Süden gibt es als neues Element eine Pergola.[13]

Nach dem dritten Entwurf entstanden noch eine Reihe von Varianten, wie im Grundriss Raumanordnungen gestaltet werden könnten. Weiterhin sind viele Gedanken zur Ausführung des Daches, der Ansicht, des Einganges, der Erschließungen und der Öffnungen in Plänen vom Juli und August 1977 dokumentiert. Aus diesen Überlegungen entwi-

[11] Konrad Frey, BAB Entwurf 3: Grundrisse/Schnitte (bez. 22), Mai 1977, Bleistift auf Papier, 43 x 27 cm, AKF.

[12] Konrad Frey, Babenheim Erläuterungen (bez. 15), 03.05.1977, 2, AKF.

[13] Konrad Frey, Babenheim Skizze Grundriss Erdgeschoss (bez. 25), ca. Juli 1977, Bleistift auf Transparentpapier, 30 x 19 cm, AKF.

ckelten sich einzelne Ideen, die im Bau umgesetzt worden sind. Zum Beispiel tritt das Thema der Wendeltreppe im Atrium auf, die in der heutigen Form allerdings nur halb gewendelt ist.[14] Auch die schräglaufende, trichterförmige Situation des Eingangsbereichs mit der Toilette nebenan wurde in dieser Zeit entworfen. Die freistehende Mauer, die heute als Pergolamauer dient, wurde in den letzten Plänen wieder zur Ecke Süd- und Ostfront versetzt. Das „Salettl" wurde schließlich zu einem festen Bestandteil im Wohnraum des Gästeflügels.
Die Idee der zwei Niveaus im Erdgeschoss besteht seit den Anfängen des dritten Entwurfs und wird bis zur Fertigstellung beibehalten. Das Bad im ersten Obergeschoss des Wohntraktes befindet sich bei den letzten Entwürfen neben dem Atrium, wird jedoch in weiterer Folge ganz nach Osten verlegt. Für die Küchengestaltung des Gästetrakts wird eine kleine Nische an der Nordseite vorgesehen, die ebenso umgesetzt worden ist. Neu hinzu kommen im Erdgeschoss an der Südfront zwei dem Atrium und dem Gästewohnraum vorgelagerte Loggien, die für mehr Licht in den Räumen sorgen sollen, doch wird diese Idee später wieder verworfen.
Die Garage nimmt im gesamten Entwurf keine wesentliche Rolle ein. Allein der Ort, wo sie stehen sollte, wurde festgelegt, nämlich die nördliche Ecke entlang des gedachten Zugangs zur Straße. Erst bei den Entwurfsplänen nach August 1977 ist eine Dachdraufsicht der Garage im Lageplan zu sehen.
Darüber hinaus sind Skizzen einer ersten und zweiten Version erhalten geblieben. Der erste Entwurf in Südorientierung zeigt ein geschwungenes Dach auf Stützen (→**75**). In einer zweiten Version mit einem Lageplan[15] und einem Grundriss[16] werden zwar die geschwungenen Formen beibehalten, doch wird die Ausrichtung um 90 Grad gedreht.

Bauen als Experiment (1978–1985)

In den Polierplänen ab Oktober 1978 und der Entwicklung der Leitdetails, vor allem der Verglasungen, der Stiege im Atrium sowie den Wand- und Deckenaufbauten, lässt sich die weitere Entwicklung des Entwurfs gut nachvollziehen. Dieses umfassende Planmaterial zeigt im Wesentlichen den Ausführungsstand des Hauses, wobei sich jedoch vereinzelt noch Änderungen in der Bauphase, meist nach einer ausgiebigen brieflichen Diskussion der Alternativen, ergeben haben. So wurde etwa das Südtor nicht bündig mit der Stützenreihe, sondern mit der Außenwand bzw. Sonnenkollektorfläche gesetzt und die

[14] Konrad Frey, Babenheim Skizze Grundriss Erdgeschoss (bez. 30), August 1977, Bleistift auf Transparentpapier, 30 x 21 cm, AKF.
[15] Konrad Frey, Skizze Garage Version 2: Grundriss (bez. 38), nach August 1977, Bleistift auf Transparentpapier, 28 x 33 cm, AKF.
[16] Konrad Frey, Skizze Garage Version 2: Lageplan (bez. 38), nach August 1977, Bleistift auf Transparentpapier, 30 x 42 cm, AKF.

(76) Modell des ausgeführten Hauses (verschollen), Ansicht von Süden, 1981

Gaupe des Kinderzimmers im ersten Obergeschoss auf die Hälfte verkleinert. Weiterhin finden sich in diesen Ausführungsplänen zwar noch die Trennwand zwischen Küche und *sejour* sowie die Atriumstiege vom ersten ins zweite Geschoss, doch wurden diese Bauteile zugunsten eines offeneren Raumgefüges schließlich nicht realisiert. Beim Haupteingang auf der Nordseite wurde die Idee einer (fixen) „Zugbrücke" dargestellt, doch nicht ausgeführt, die als abgehängter Steg wie ein Zugang in die „Arche" wirkt.
Frey arbeitete auch mehrere Varianten für die Gestaltung des zweiten Obergeschosses als zusätzliches (Gäste-)Zimmer mit Bad aus, wobei in einem Entwurf auch die Verbindungsbrücke als Schlafbereich miteinbezogen wurde. Bis zum Jahre 1984 ist weiteres Planmaterial erhalten, und 1981 wurde im Katalog *Architektur aus Graz*[17] das Foto eines nicht mehr existierenden Modells veröffentlicht (→**76**), das ebenfalls den Entwurf bereits zum überwiegenden Teil in der tatsächlich ausgeführten Form darstellt.
Vermutlich wurde im Herbst 1978 oder im Frühjahr 1979 mit dem Bau begonnen. Jedenfalls schreibt Frey am 14. Januar 1980 vom „Bauablauf", und vier Tage später fordert Zankel ungeduldig die „notwendigen Angaben, die eine Ausführung des Inneren gestatten." Offenbar war der Rohbau schon fertig und kam aufgrund fehlender Detailpläne bzw. Adaptierung der Leitdetails an die jeweilige bauliche Situation nicht voran. Aber auch die Unfähigkeit (oder der Unwillen) der lokalen französischen Handwerker, sich auf den experimentellen Entwurf einzustellen, verzögerte den Baufortschritt. So teilte Zankel am 1. November 1982 mit: „Mein Zimmermann in Frankreich hat sich nicht mehr gemeldet, trotz meiner Aufforderung die aufgezeigten Mängel

[17] Zentralvereinigung der Architekten, Landesverband Steiermark (Hg.), Architektur aus Graz, Ausst.-Kat. Grazer Künstlerhaus, Graz 1981.

zu beheben. Ich glaub, es hat keinen Sinn, mit den Profis weiterzuarbeiten. Deren Leistungen sind schlecht und teuer."[18] Oder am 15. Januar 1983: „Beim Klo ist wieder gepfuscht worden: ich hab eine große Schweizer Firma mit der restlichen Verglasung beauftragt, weil sie um einiges bill[ig]er war als der Franzose doch der Pfusch ist derselbe geblieben."[19] Schließlich engagierte Zankel Handwerker aus seinem obersteirischen Heimatort Thörl bzw. lernte österreichische Hilfskräfte zu Bauarbeitern an, übernahm persönlich die Bauleitung und legte auch selbst ausgiebig Hand an.[20] Offenbar war das Haus zu innovativ für den Baubetrieb, sodass Zankel gezwungen war, es nach Fertigstellung des Rohbaus weitgehend in Eigenregie zu errichten – was ihn natürlich physisch wie psychisch überforderte. Am 24. August 1983 schildert er Frey seine wachsende Hilflosigkeit angesichts der immer wieder auftauchenden Schwierigkeiten und Verzögerungen, die einen reibungsloseren Baufortschritt nicht zulassen: „Der Bauherr ist müde und deprimiert. [...] Ich muß fast mit allen Handwerkern streiten, Briefe schreiben usw. – dazu kommt noch, daß ich substantiell bestohlen werd – die Summen der unangenehmen Dinge erreicht bald die Toleranzgrenze; der Umzug scheint noch so ferne zu sein. Das alles treibt mich in eine gefährliche Ecke, nämlich in die, wo man den Hut wirft."[21] Schon zwei Jahre zuvor wendet sich ein aufgrund des schleppenden Baufortschritts sichtlich entnervter Bauherr an seinen Architekten:

„Nochmals stoß ich einen Verzweiflungsschrei aus: hilf mir zum Ende zu kommen. Ich bin an einem Punkt angelangt, an dem mir alles Wurscht ist. Wenn es sein muß, verschlag ich den Eingang mit Brettern. Du weißt sicher nicht, wie satt ich das Bauen hab. Du vertröstest mich von Woche zu Woche, von Monat zu Monat, von Jahr zu Jahr. Ich muß um die 'Software' ebenso kämpfen wie um die Hardware. Muß das sein? [...] In 18 Monaten hast Du für mich den Terrazzoboden u. die Innenseite der Halle gemacht. In den nächsten Wochen kommt der Eingang dran – u. noch gibt es keine Pläne dafür. Am 5 Juli kommen 2 Monteure von Thörl, die die sanitären Einrichtungen installieren. Falls ich keine Weisungen von Dir bekommen hab, sieht's dann eben wie bei Frau Meier aus u. nicht so, wie bei einem richtigen Kind von Dir. Weiters bin ich gezwungen, das Grundstück dicht zu machen. Ich seh ein hohes Gitter mit einigen Stacheldrahtreihen als Abschluß vor; Eingangstür idem. Die sich immer wiederholenden Diebstähle zwingen mich dazu. Das waren meine letzten Beschwörungen, ich bin auch überfordert."[22] Diese eindringlichen Sätze dürften ihre Wirkung nicht verfehlt haben,

[18] Karl Zankel in einem Brief an Konrad Frey, 01.11.1982, 2, AKF.
[19] Karl Zankel in einem Brief an Konrad Frey, 15.01.1983, 2, AKF.
[20] Karl Zankel im Gespräch mit StudentInnen der TU Graz, Graz, 23.11.2010; vgl. Stefan Petrovic, „Unser lichtdurchströmter Shelter", in diesem Band 112–121, hier 115 f.
[21] Karl Zankel in einem Brief an Konrad Frey, 24.08.1983, AKF.
[22] Karl Zankel in einem Brief an Konrad Frey, 24.05.1981, AKF.

(77) Skelettsystem, Ansicht von Westen, 1981 (Foto: K. Frey, April 1981), AKF

aber bis zur Fertigstellung des Baus vergingen immerhin noch vier Jahre. Einige von Konrad Frey stammende Fotos lassen den Baufortschritt rekonstruieren. Im April 1981 steht das Skelettsystem aus Stahlträgern (→**77**). Im weiteren Verlauf wurde an der Außenhaut weitergearbeitet. Im Juni desselben Jahres waren in den Bereichen der Familie und der Gäste die Öffnungen sowie die Fassadenhaut aus Bitumenschindeln großteils fertig (→**78**). Die Verkleidung des Atriums und die Südseite mit den Sonnenkollektoren wurden im November vollendet. Offen waren aber immer noch die Eingänge im Norden und Süden. „Wie sieht der Eingang aus?", schreibt Zankel am 19. Oktober 1981 an Frey.[23] Und schließlich am 6. Dezember: „Du hast ganze Arbeit am Eingang geleistet. Du hast einen schwierigen Teil wirklich meisterhaft gelöst – allein wenn jener Plan etwas früher gekommen wäre, könnte er zur Gänze verwirklicht werden. So sind einige Tei-

[23] Karl Zankel in einem Brief an Konrad Frey, 19.10.1981, AKF.

(78) Eingang und Gästetrakt, Ansicht von Nordosten (Foto: K. Frey, Juni 1981), AKF

le schon ausgeführt, die ich nicht mehr ändern will."[24] Auf diversen Fotos vom Juli 1982 sieht man, dass der Eingang zu diesem Zeitpunkt immer noch nicht ganz fertig war. 1982 wird der Terrazzoboden im Erdgeschoss in Eigenregie gegossen und geschliffen – die damit verbundenen Schwierigkeiten füllen zahlreiche Briefseiten. 1983 schreitet der Innenausbau mit Einbau der Schiebetüren, Einbaukästen und Sperrholzdecken voran und ist, wie eine Fotoserie vom Oktober desselben Jahres erkennen lässt, schon weit gediehen; auch das Südtor, das Zankel von CERN-Mitarbeitern zweimal herstellen lässt (das erste geht beim Transport zu Bruch),[25] ist bereits montiert. Ab diesem Jahr schaltet sich nun auch Ute Zankel verstärkt schriftlich in die Debatte ein, vor allem, was die Gestaltung des Badezimmers im Familientrakt und den *séjour* betrifft.[26] 1984 werden u. a. die Treppe im Familientrakt und die beiden Bäder realisiert. Jedes Detail wird von den beiden ausgiebig diskutiert; Karl Zankel versieht viele seiner Briefe mit genauen Skizzen und technischen Vorschlägen: Aus einem Wissenschaftler war ein Bausachverständiger und Hobbyhandwerker geworden, der seinen experimentellen Zugang zur Wissenschaft auf das Bauen überträgt. Somit sind viele Detaillösungen aus dem intensiven Dialog von Bauherr und Architekt entstanden.
Am 12. Juli 1985 erfolgt schließlich die feierliche Einweihung,[27] und im August bezieht die Familie ihr neues Zuhause.[28]

[24] Karl Zankel in einem Brief an Konrad Frey, 06.12.1981, AKF.
[25] Karl Zankel im Gespräch mit StudentInnen der TU Graz, Graz, 23.11.2010.
[26] Vgl. Petrovic (wie Anm. 20), 117 f.
[27] Vgl. ebd., 114 f.
[28] Karl Zankel in einem Brief an Konrad Frey, 11.08.1985, AKF.

Michaela Böllstorf

DIE HAUSTECHNIK: EXPERIMENT SONNENENERGIE

Unter dem Begriff Haustechnik versteht man alle energetischen (Heizung, Beleuchtung) und stofflichen (Wasser, Luft) Ver- und Entsorgungen eines Gebäudes. Der folgende Beitrag wird sich jedoch lediglich auf das Beheizen und Belüften – die Besonderheit des Hauses Zankel – beschränken. Diese beiden Versorgungstechniken hängen beim Haus Zankel, da es über die Luft beheizt wird, unmittelbar zusammen und funktionieren über eine eigens entwickelte Sonnenheizung. Die Beleuchtung, welche mit einer neuartigen Schwachstrom-Steuerungsanlage arbeitet, und die Warmwasserversorgung – durch die Sonne temperiert und elektrisch nachgeheizt – spielen nur eine Nebenrolle.

Das Haus Zankel als Versuchslabor

Der Entschluss Karl Zankels mit alternativen Energien zu heizen, ist im Kontext der Ölkrise von 1973 zu sehen. Geprägt durch diesen Einschnitt, schien sich auch beim Bauherrn ein zukunfts- und umweltorientiertes Denken eingestellt zu haben, sodass er auf die Umstände reagierte und für sein Bauvorhaben eine Sonnenheizung plante. Der Naturwissenschaftler und „Bastler" entwickelte hauptsächlich im Alleingang ein experimentelles, auf das Haus abgestimmtes Wärmeversorgungssystem.
Obwohl Zankels Idee keineswegs neu war, gab es in den 1970er Jahren noch keine marktüblichen Solarkollektoren, die er benutzen konnte. Frey hatte sich schon 1970 in London zusammen mit Florian Beigel mit energieautarken Projekten beschäftigt, 1976 in Graz

an der Entwicklung des „Sonnenhauses Österreich" mitgewirkt und schließlich 1972–1977 mit dem Haus Fischer am Grundlsee das erste Sonnenhaus Österreichs gebaut. Frey musste dabei feststellen, dass der investierte Aufwand für die Ausbeute viel zu gering war und riet Zankel daher von solch einer Nutzung von Sonnenenergie ab. Vielmehr empfahl er ihm, das Haus selber als „bewohnbaren Sonnenkollektor" mit Wasserspeicher auszubilden. Als Kompromiss entstand eine aus billigen Folien hergestellte Luftkollektoren-Südwand. Das ohnehin notwendige Schotterbett unterhalb der Bodenplatte wurde als Speicher verwendet. Da der Entwurf der Halteprofile für die Folienschichten von Zankel selber stammte, war bei der Produktion eine Mindestmenge von 500 Metern abzunehmen, die nicht vollständig für die Luftkollektoren benötigt wurden. Aus dieser Not heraus entstand die restliche Südfassade – die Umhausung des Atriums –, welche zudem ein wichtiger Bestandteil der Sonnenenergienutzung werden sollte. So wurde das Thema „alternative Energien" mit dem letzten und schließlich auch ausgeführten Entwurf zum Konzept der Südseite deklariert und das System mit dem Entwurf gestalterisch verbunden: „Keine Kollektoren auf einer Fassade, sondern die Südfassade als ein Kollektor".[1]
Ein weiterer Grund für eine eigens entwickelte Sonnenheizung lag wohl am Bauherrn, dem „das Experimentelle beziehungsweise Provisorische wichtig" war.[2] Zankel, Physiker beim CERN, sah das Haus laut Konrad Frey als ein „‚Experiment in living', ein Laboratorium"[3] an. Er fand in Frey einen solartechnisch versierten und experimentierfreudigen Partner.

Passive Sonnennutzung

Aufgabe war es nun nicht nur, das Haus mit einer Solarheizung auszustatten, sondern diese auch in den Entwurf zu integrieren. In den ersten Überlegungen für den Entwurf von 1976 sollte die Südwand einen Sonnenfänger ohne Kollektoren bilden und gleichzeitig als Pufferzone dienen. Ausgestattet mit einer Überdachung und großen Öffnungen wäre dieser Bereich je nach Klima auch bewohnbar gewesen. Bereits in diesem frühen Stadium war ein massiver Baukörper geplant, um den Ausgleich der Raumtemperatur durch genügend Speichermasse zu gewährleisten. Als Heizquellen sollten die Sonne, eine Wärmepumpe und ein Dauerbrandofen dienen. Schon hier zeichneten sich eine Luftanlage mit Schotterspeicher als Sonnenheizung und eine Warm-

[1] Karl Zankel im Gespräch mit StudentInnen der TU Graz, Graz, 23.11.2010.
[2] Ebd.
[3] Konrad Frey im Gespräch mit Patricia Fischer und Wolfgang Horn, TU Graz, 25.11.2010.

wasserbereitung mit Sonnenenergie ab.[4] So planten Architekt und Bauherr einen riesigen Solarkollektor als Südfassade, der nun nicht nur den Gebäudeabschluss, sondern auch den wichtigsten Teil des Heizsystems bildete: „Das vorliegende Projekt sieht die Entwicklung und Erprobung von einer einfachen und kostengünstigen Fassade vor, die sowohl als Sonnenkollektor, wie auch als Tragkonstruktion dienen kann" [5], so Zankel in seinem Konzept zur Sonnenheizung.
Die komplette Südseite ist hierzu mit einem eigens entwickelten System verkleidet worden, das aus diversen Folien besteht, die in ein dafür angefertigtes Profil eingeklemmt sind, und versorgt damit die jeweils dahinter liegenden Gebäudetrakte mit frischer, vorgewärmter Luft. Die Folien legen sich wie eine Haut nahezu komplett über die Fassade und bilden zugleich Wand und Dach aus (→**3**).
Selbst das die beiden Gebäudetrakte trennende Atrium ist mit der gleichen Folie überspannt. Der einzige Unterschied besteht nur darin, dass man hier in den Innenraum hineinsehen kann, was bei den Kollektoren nicht möglich ist, da die schwarze Folie und der dahinter liegende Wandaufbau den Einblick verwehren. Dennoch wird ein einheitliches Fassadenbild erzielt, das nicht erahnen lässt, dass es sich bei diesem riesigen Element um eine Sonnenheizung handelt.
Die Konsequenz der ästhetischen Integration im Falle des Äußeren ist im Inneren nicht zur Gänze fortgeführt worden. Einige der Luftauslässe (→**54**) hätten durchaus zurückhaltender in die Decke integriert und den versteckt angebrachten, länglichen Metallauslässen im Erdgeschoss angeglichen werden können (→**11**). Dennoch zeigen die Zuluft- und Abluftöffnungen einen intelligenten Einsatz von Technik, welche man zu dieser Zeit eigentlich nur in Bürobauten finden konnte, zumal die runden Auslässe die Luft optimal im Raum verteilen. Doch auch für Frey selber wäre es „eleganter gewesen, wenn man nicht sehen würde, wie es funktioniert".[6] Trotzdem wollte er „Dinge nie kaschieren, sondern eher intelligent integrieren".[7] Die luftführenden Schächte hingegen konnten versteckt werden und fanden unter fest installierten Möbeln, Technikschränken und in der abgehängten Decke Platz. Alle weiteren Elemente des Heizsystems haben keiner gestalterischen Überlegung bedurft, da sie sich im Keller beziehungsweise unterhalb der Wohnräume befinden. Alle diese Elemente bilden einen großen Kreislauf, der vor allem im Konzeptpapier *Chauffage solaire expérimental à Prévessin*[8] von Karl Zankel detailliert beschrieben wird.

[4] Vgl. Konrad Frey, Grundsätze des Entwurfs 3, 01.05.1977, Fasermaler/Papier, 29,7 x 21,0 cm, AKF.
[5] Karl Zankel, Chauffage solaire expérimental à Prévessin, Konzeptpapier o. J., AKF.
[6] Konrad Frey im Gespräch mit StudentInnen der TU Graz, Graz, 07.12.2010.
[7] Ebd.
[8] Zankel o. J. (wie Anm. 5).

Für das kostenminimierte Wärmeversorgungssystem, durch das 85 Prozent des jährlichen Energieverbrauchs durch die Sonne erzeugt werden sollte, mussten neben haustechnischen auch bauliche Aspekte berücksichtigt werden. Auch diese werden zum Teil von Zankel erwähnt: ein kompakter, massiv ausgeführter Baukörper, eine möglichst nach Süden orientierte Hauptfassade, ein optimaler Sonnenschutz, eine extrem hohe Luftdichtigkeit, hoher Wärmeschutz mit wenigen Wärmebrücken und eine thermisch optimal angelegte Zonierung des Gebäudes mit Windfang. So wurde die Hauptansicht mit den Sonnenkollektoren nach Süden orientiert. Die massiv ausgeführte Bauweise des Hauses verhindert Temperaturspitzen, da die Sonnenstrahlen in Form von Wärme in den Böden und Wänden gespeichert und schließlich phasenverschoben wieder an den Innenraum abgegeben werden. Die Bedeutung einer „angemessene[n] Speichermasse" wurde schon 1977 in Konrad Freys *Grundsätzen des Entwurfs* festgehalten.[9] Die Speichermasse wird von einem fünf Zentimeter dicken, 240 Quadratmeter großen Terrazzoboden im Erdgeschoss, zwölf Zentimeter dicken Leichtbetondecken in den Obergeschossen (190 Quadratmeter) sowie zehn Zentimeter dicken und 30 Quadratmeter großen Betonwänden gebildet.[10] Sie garantieren auch bei Heizungsausfall ein langsames Abkühlen der Räume und eine Kühlung gegen sommerliche Überhitzung. Eventuell entstehende Wärmezufuhr im Atrium wird an die angrenzenden Wohnräume und den Wärmespeicher weitergeleitet. Um diese im Sommer möglichst gering zu halten, wurde ein reflektierender, innenliegender Sonnenschutz für alle transparenten Flächen entworfen.
Um Wärmeverluste im Winter zu vermeiden und Überhitzung im Sommer entgegen zu wirken, war auch die Wärmedämmung ein wichtiger Bestandteil des Konzepts. Diese wurde nach damaligen Berechnungen für „gut" befunden und für einen Wärmebedarf von 60 Watt pro Quadratmeter und eine Innentemperatur von 20 Grad Celsius ausgelegt.[11]
Auch die Zonierung des Gebäudes ist klar von Vorteil für eine Sonnenheizung. So liegen beim Haus Zankel alle Räume mit geringerer Frequenz wie Eingang, WC, Garderobe oder Treppenhaus als thermischer Puffer zwischen der kalten Nordwand und der südlichen Wohnzone. Das nahezu vollständige Eingraben der Nordwand ist ein weiterer thermischer Vorteil, da die Erde als Wärmedämmung dient und kalte Winde keine Angriffsfläche haben. So sinkt der Energiebedarf um bis zu 15 Prozent im Vergleich zu einem freistehenden Einfamilienhaus.
Im Winter wirkt sich die 300 Quadratmeter große, transparente Fläche ebenfalls positiv auf die Energiebilanz aus. Auf der Südseite beträgt

[9] Frey 1977 (wie Anm. 4).
[10] Vgl. Zankel o. J. (wie Anm. 5).
[11] Vgl. ebd.

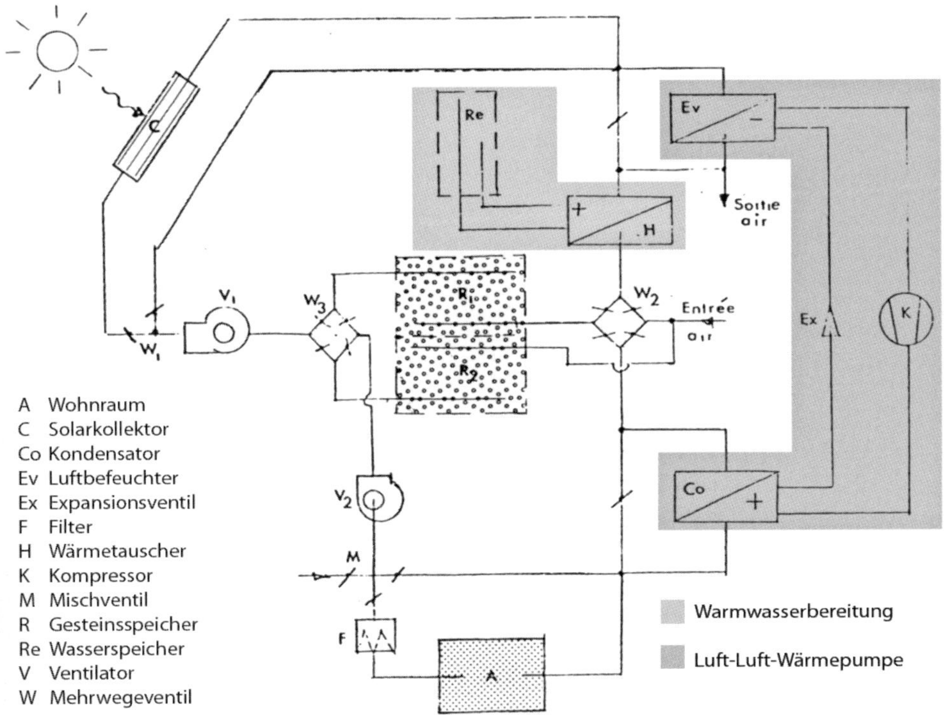

(79) Schema Haustechnik, bez. „schéma de principe du chauffage", in: Karl Zankel, Chauffage solaire expérimental a Prévessin (Ain), AKF, Überarbeitung: M. Böllstorf, 2010

diese Fläche durch Fenster 25 Quadratmeter und durch das folienüberspannte Atrium 65 Quadratmeter.[12] Dies führt zu einem großen Wärmeertrag und entlastet die Sonnenheizung zusätzlich.

Aktive Sonnennutzung

Die direkte, passive Nutzung der Sonne wird beim Haus Zankel mit einer indirekten, aktiven Nutzung kombiniert. Das Herzstück des Hauses ist die solarthermische Anlage mit der großen Kollektorfläche in der Südfassade, der Lüftungsverteilung durch Rohre und Auslässe, der Schotterspeicher im Keller, der Luftbefeuchter und eine Wärmepumpe (→**79**).

Da jedoch nicht vollends mit den Sonnenkollektoren geheizt werden konnte, waren von Beginn an Zusatzheizungen in Form von Kachelöfen und elektrischen Nachtheizungen geplant.

Den großteils sichtbaren Teil der Technik machen hier die 110 Quadratmeter großen Kollektorflächen aus. Kostengünstige Aluminium- und Plastikfolien, eingespannt in ein Leichtmetallprofil, bestimmen das Er-

[12] Vgl. ebd.

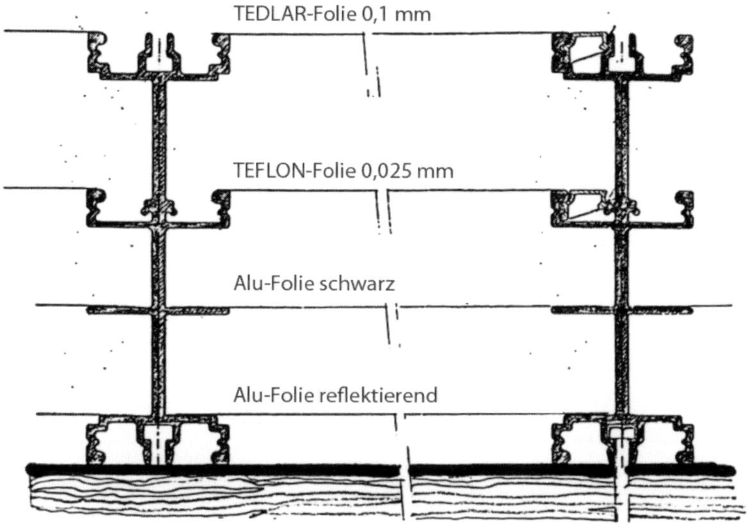

(80) Schnitt durch die Folien des Kollektors, bez. „coupe facade collecteur", in: Karl Zankel, Chauffage solaire expérimental a Prévessin (Ain), AKF, Überarbeitung: M. Böllstorf 2010.

scheinungsbild der Südfassade. Die dünnen Tedlar- und Teflon-Folien – die beiden äußeren, sehr robusten Schichten – dienen der Isolierung. Die darunter angebrachte, schwarz lackierte Alu-Folie wirkt als Absorber. Die letzte Schicht aus einer unbehandelten Alu-Folie reflektiert Wärme und Strahlen wieder Richtung Inneres des Kollektors, sodass der Ertrag maximiert wird und nur wenig Wärme verloren geht (→**80**). Da die Wärme von den Kollektoren aus weitergeleitet werden muss, wurde ein Wärmeträgermedium benötigt: die Luft. Zunächst steigt diese in den Kollektoren auf, um dann in einer zweiten, daneben liegenden Kollektorbahn wieder hinunter zu strömen und schließlich dem Speicher auf kürzestem Wege zugeführt zu werden (→**81**).
Der im Keller befindliche Wärmespeicher, zwei Stück à 30 Kubikmeter, ist mit Schotter aufgefüllt. Durch die Oberflächenvergrößerung entsteht eine aufnahmefähige Fläche von 8000 Quadratmetern, welche die Wärme der Luft tagsüber speichert und nachts durch Strahlung an die darüber liegenden Räume wieder abgibt.
Die Luft wird vom Speicher dann in die einzelnen Räume durch einen differenzthermostatgesteuerten Ventilator verteilt. Die einzelnen Kanäle ermöglichen eine Verteilung der Luft in die einzelnen Räume. Bevor die Luft auf die Räume trifft, wird diese jedoch durch eine Befeuchtungsanlage und einen Filter geführt, um trockene Luft und gesundheitsschädliche Stoffe in der Luft zu vermeiden.
Ein zweiter Kreislauf mit einer Luft-Luft-Wärmepumpe, die auf der Ostterrasse des Hauses situiert ist, sorgt dafür, dass eine zu niedrige Lufttemperatur auf ein nutzbares Niveau von circa 25 Grad Celsius gebracht wird, um eine Leistungssteigerung des gesamten Systems und einen optimal temperierten Raum zu gewährleisten (→**79**). Ein

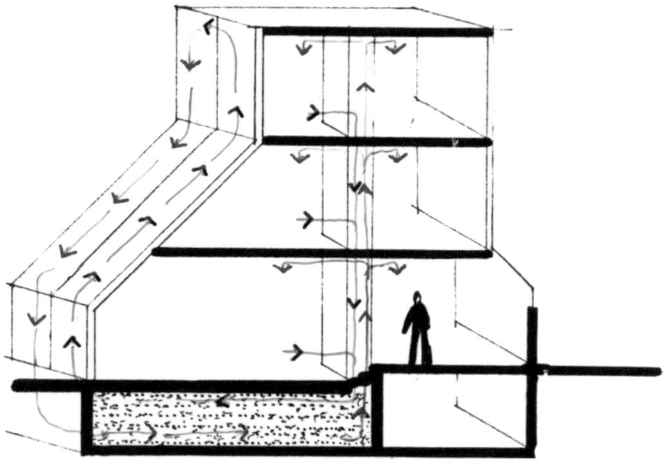

(81) Schema der Luftheizung, bez. „Schnitt durch Wohnräume", Ende der 1970er Jahre, Fasermaler auf Papier, 21x15 cm, AKF.

Temperaturregler, der mit verstellbaren Öffnungen gekoppelt ist, drosselt im Gegenzug bei Bedarf den Wärmestrom im Sommer (→**83**). Gekühlt werden kann im Sommer nur in der Nacht und durch den zweiten Kreislauf der Wärmepumpe. Durch den thermischen Auftrieb der Luft wird die Luft in dem im Sommer schnell erwärmten Atrium nach oben geleitet und kann entweichen (→**84**).
Ein ursprünglich geplantes System mit Absaugmöglichkeiten und einem Gebläse, welches die warme Luft im Winter von dort wieder hinunter leitet, wurde nicht ausgeführt (→**82**). So geht die Wärme im Winter verloren, statt zurückgeleitet zu werden.

Das Experiment und seine Schwachstellen

Der enorm große Kreislauf innerhalb des Hauses konnte jedoch durch nur einen einzigen Defekt geschwächt werden. Umso erstaunlicher ist es also, dass der Bauherr keinerlei Wartungsoptionen für den Speicher installierte. „Man hatte nicht darüber nachgedacht, wie man fehlerlos hätte konstruieren können", so Konrad Frey.[13] Er wirft Zankel gleichzeitig eine gewisse Gutgläubigkeit in das eigene Konzept vor. Er selber habe zu der Zeit schon Abstand von der Sonnenenergienutzung genommen. Es rechne sich nicht und sei extrem anfällig, so seine Meinung, und deshalb riet er Zankel davon ab, Sonnenenergie zu nutzen.[14] Das Tüftlerherz des Physikers siegte jedoch und es entstand ein komplexes Heizsystem, dessen Elektronik wohl nur der Bauherr selber verstehen konnte (→**85**, →**86**). Dies erwies sich

[13] Konrad Frey im Gespräch mit StudentInnen der TU Graz, Graz, 01.12.2010.
[14] Konrad Frey im Gespräch mit StudentInnen der TU Graz, Graz, 23.11.2010.

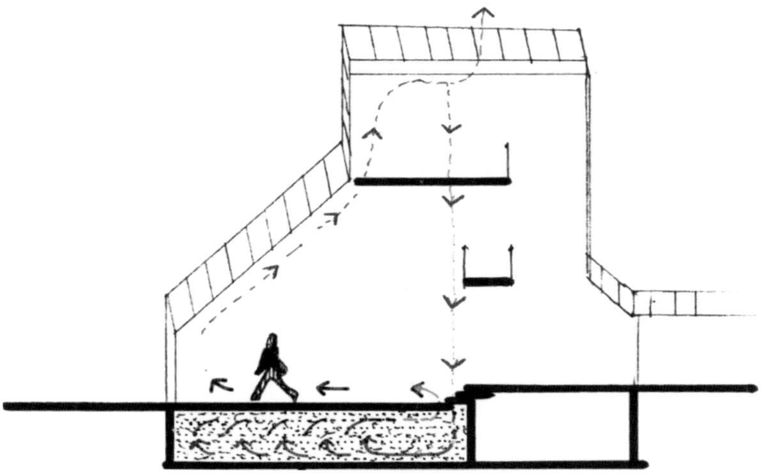

(82) Schema zur Lüftung des Atriums, bez. „Schnitt durch Wintergarten", Ende der 1970er Jahre, Fasermaler auf Papier, 21x15 cm, AKF

schließlich als großer Nachteil, denn das Haus ließ sich dadurch nur schwer an Mieter weiter vermitteln und optimal nutzen.
Der heutige Zustand zeigt, dass die Sonnenheizung durch diverse technische Mängel nicht mehr funktioniert. Die Nutzbarkeit des Hauses ging durch die vielen nötigen Reparaturen mehr und mehr verloren. Schon früh erkannte Zankel, dass es, wenn die Kollektorisolierung ohne Dämmung ausgeführt werden sollte, Probleme geben würde. Das System würde zum Stillstand kommen, da bei Sonnenuntergang die äußere, nicht wärmeisolierte Schiene viel schneller abkühlte als die benachbarten, was unweigerlich zu einem Abplatzen der Klebung am unteren Knick führte.[15]
Auch andere Schwierigkeiten mit den Folien bewirkten, dass sie bereits in den ersten Jahren ausgetauscht werden mussten. Die Temperatur innerhalb der Kollektoren stieg sprunghaft bis 80 Grad Celsius an. Der Luftdruck beim Einschalten der Heizung bewirkte, dass das Alu raschelte und die Kollektoren eine Leistungssteigerung von 50 Prozent verzeichneten. Durch abblätternde Farbe war auch die schwarz gestrichene Absorberfolie bald nicht mehr einsatzfähig und musste schon innerhalb der ersten paar Jahre durch Kästen mit einer hohen Absorption und mit einer kaum reflektierenden Nickel-Chrom-Folie ersetzt werden.
Der laut Karl Zankel jedoch „wohl peinlichste Fehler" war die aus Styroporplatten bestehende Dämmung.[16] Durch die extreme Hitze im Keller, entstanden durch die Leistungssteigerung der Kollektoren, schrumpfte die Dämmung ein, sodass nicht nur das Dach undicht wurde, sondern auch der Schotterspeicher unterhalb der Bodenplatte absackte, die Folie riss und dieser Fehler schon nach zwei Jahren Be-

[15] Karl Zankel in einem Brief an Konrad Frey, 19.10.1981, AKF.
[16] Karl Zankel im Gespräch mit StudentInnen der TU Graz, Graz, 23.11.2010.

(83) Regelung der Luftzufuhr im Keller (Fotocollage: M. Böllstorf, 2010)

(84) Atrium, Lüftungsöffnungen im 2. Obergeschoss (Foto: M. Böllstorf, 2010)

(85, 86) Schaltzentrale im Keller (Foto: M. Böllstorf, 2010)

trieb zu „Luftkurzschlüssen" führte.[17] Die Luft wurde nicht durch den kompletten Speicher geführt, sondern lediglich bis zum Riss. Durch die fehlenden Revisionsöffnungen konnte dieser Schaden nie behoben werden und die Speicherkraft hielt lediglich ein bis zwei Tage an und nicht wie geplant drei Wochen.

Ein nach dem Auszug der Familie Zankel aufgetretener Defekt ließ die Anlage zum Stillstand gelangen. Die Zahnräder aus Plastik („weil es die nun mal in Plastik gab"),[18] welche die Luftzufuhr regelten, schmolzen aufgrund einer enormen Hitzeentwicklung (→**87**). Aber auch schon vorher entstanden diverse Probleme in Bezug auf die optimale Temperierung. Ute Zankel schrieb dazu in einem Brief an den Architekten: „An sehr kalten Tagen und bevor der Kachelofen heiss wird, hätte man die Möglichkeit, diese vergrößerte Küche zuzumachen und mittels Radiator zu heizen. Wie Du weißt, hat mir Bui [Karl Zankel] versprochen die Luftheizung im Familientrakt nicht einzuschalten und ich werde versuchen mit dem Kachelofen und einem mobilen Radia-

[17] Ebd.
[18] Konrad Frey im Gespräch mit StudentInnen der TU Graz, Prévessin-Moëns, 22.10.2010.

(87) Geschmolzene Zahnräder der Belüftungsregler im Keller (Foto: M. Böllstorf, 2010)

tor aus zukommen (Die Schlafzimmer werden und sollen wir ohnehin nicht heizen)."[19] Die zusätzliche Benutzung eines mobilen Radiators war eigentlich nicht vorgesehen und deutet auf eine nicht ordnungsgemäß funktionierende Anlage hin. Karl Zankel selbst bestätigt, dass das Atrium im Sommer eine um zwei Grad höhere Lufttemperatur besaß als die Außentemperatur.[20] Das Atrium hatte im Sommer somit keinen Nutzen und gab zudem die überschüssige Wärme an die umliegenden Räume ab. Im Winter hingegen schien das Konzept des großen Luftraums zu funktionieren. Laut Zankel herrschten im Atrium im Winter bei Sonnenschein um die 20 Grad Celsius und der Raum konnte als Innenraum genutzt werden.[21] Das gesamte Gebäude schien jedoch dann zu kalt, denn vor allem im *séjour* sind Radiatoren montiert, die wohl aus der Zeit nach Karl Zankels Auszug stammen.
Ein weiterer Kritikpunkt ist die komplett fensterlose Südseite des Hauses. Für Ute Zankel wären Fenster vor allem im *séjour* wichtig gewesen und hält man sich vor Augen, dass in diesem Hauptaufenthaltsraum kein Bezug zum Garten besteht, so ist es seltsam, dass man zwar versucht, mittels Sonneneinstrahlung das Haus zu heizen, doch die Sonne als Licht- und Wärmequelle dort gänzlich vernachlässigt und den Bewohnern der direkte Bezug verwehrt wird. Auch die Verbindung zur Natur gerät hier ganz im Gegensatz zu anderen Teilen

[19] Ute Zankel in einem Brief an Konrad Frey, 29.06.1984, AKF.
[20] Karl Zankel im Gespräch mit StudentInnen der TU Graz, Graz, 23.11.2010.
[21] Vgl. ebd.

des Hauses in den Hintergrund. Technik und Experimentieren schienen wichtiger zu sein als die Aufenthaltsqualität der dahinter liegenden Räume.
Trotz des äußeren Erscheinungsbildes einer hochentwickelten Solartechnik konnte kein ausgewogenes Verhältnis zwischen Technik und räumlicher Qualität im *séjour* geschaffen werden, vielmehr stehen die Nachteile und eingegangenen Kompromisse in keiner Relation zum Nutzen, zumal die Technik nicht lange und auch nicht ausreichend gut funktionierte.

Alexandra Prömer/ Verena Schulter

DIE SPRACHE DER DETAILS

Das Spiel mit Gegensätzen, surrealer Verfremdung und postmoderner Ironie

Das Haus Zankel wurde von Konrad Frey als ein Ort der Kommunikation geplant, die jedoch nicht nur zwischen den BewohnerInnen selbst und ihren zahlreichen Gästen entsteht, sondern – metaphorisch gesehen – auch zwischen dem Nutzer und der durchdachten Gestaltung der einzelnen Teile, die faszinieren, oft verwirren und doch einladen, in der Sprache der Details wie in einem offenen Buch zu lesen, um immer mehr Bedeutungen und Querverweise zu entdecken. Denn in vielen Elementen drückt sich mehr aus, als auf den ersten Blick zu vermuten ist: Sie vermitteln Freys architekturgeschichtliches Wissen, Ideenreichtum und umfangreiche Kenntnis der unterschiedlichen Materialien.
Zwar könnte diese Gestaltungsfreiheit als Ausdruck einer postmodernen Haltung der 1970er und frühen 1980er Jahre mit ihrem Hang zu Witz und Ironie verstanden werden, doch spielen Freys elegante, leichtfüßige Entwürfe nicht direkt, sondern nur andeutungsweise und oft doppelsinnig auf historische Vorbilder an – und entlocken so manchem Betrachter ein Schmunzeln. In der Manier klassischer *folies* inszeniert Frey beispielsweise Spiegelungseffekte beim Brunnen im Atrium, die das Bild einer gebrochenen und doch ein Stück weiter oben sich scheinbar fortsetzenden „Säule" erzeugen (**→7,→39,→40**). Auch setzt er typologische Verweise auf sakrale Elemente wie Rundbögen, Säulen, Mittel- und Seitenschiffe ebenso ein wie die rustikale Formensprache eines Dorfplatzes, Scheunentors und Obstspaliers (**→1,→4,→5,→37,→38**).

(88) Schlafzimmer Familientrakt, Blick auf Eckfenster mit geschlossener Verschattung (Foto: St. Schmidt, 2010)

Neben historischen Anspielungen arbeitet Frey aber auch mit Verfremdungen und einer surreal anmutenden Gestaltung, welche scheinbar (oder bisher) bezugslose Teile in Verbindung zueinander setzt. Beispielsweise benutzt er ein Segeltuch, wie man es von Segelbooten kennt, als Sonnenschutz im Elternschlafzimmer und erzeugt damit eine luftige und offene Raumwirkung (→**88**). Da an den zwei in der Dachschräge liegenden Eckfenstern ein handelsübliches Rollo nur schwer zu befestigen gewesen wäre, entwarf er eine innenliegende Verschattung mittels zweier Segeltücher in dreieckiger Form, die von unten nach oben aufgerollt werden können. Wird kein Sonnenschutz benötigt, kann der gesamte Stoff platzsparend in Parapethöhe eingerollt werden, sodass auch die Eckfläche zu jeder Zeit frei nutzbar bleibt. Die geschickte Detaillösung dient also keinem bloßen Selbstzweck, sondern ist die logische Folge der Funktion – und vermittelt

(89) Detailansicht Plexiglasplatten in der Garderobe (Foto: K. Frey, nach 1985)

darüber hinaus eine maritime Atmosphäre, ähnlich wie das an eine Reling erinnernde weiße Geländer der Brücken im Atrium (→**6**,→**38**). Eine „Vorhanglösung" völlig anderer Art findet sich in der Garderobe des Familientrakts, zum einen um Schutz vor Zugluft zu geben, zum anderen um den Sichtbezug zwischen Garderobe und *séjour* zu erhalten und bei Bedarf eine direkte Öffnung zu ermöglichen (→**45**). Hier wählte Frey als Material zwei durchsichtige Plexiglasplatten, welche die von ihm gewünschten Eigenschaften aufweisen, aber vor allem in Werkstätten als Staub-, Wind- und Lärmschutz verwendet werden. Unten in zwei Nuten laufend, werden die weichen Platten beweglich befestigt und an der oberen Kante horizontal nur durch entsprechende Profile gegen ein Herausrutschen gehalten, sodass sie durch die temperaturbedingten Schwankungen einen unterschiedlichen Grad der Durchbiegung aufweisen (→**89**,→**90**). Dieses Detail verstärkt zusätzlich den Laborcharakter des *séjour*, der vor allem durch die Sonnenkollektoren an der Südseite des Wohnraumes entsteht.
Auch die an den beiden Längswänden des Atriums montierten weißen Spaliere sind verfremdende Elemente, welche die gesamte Raumwirkung wesentlich verändern (→**4**,→**5**,→**6**,→**38**). Sie verleihen diesem großzügigen Bereich des Hauses den Charakter eines offe-

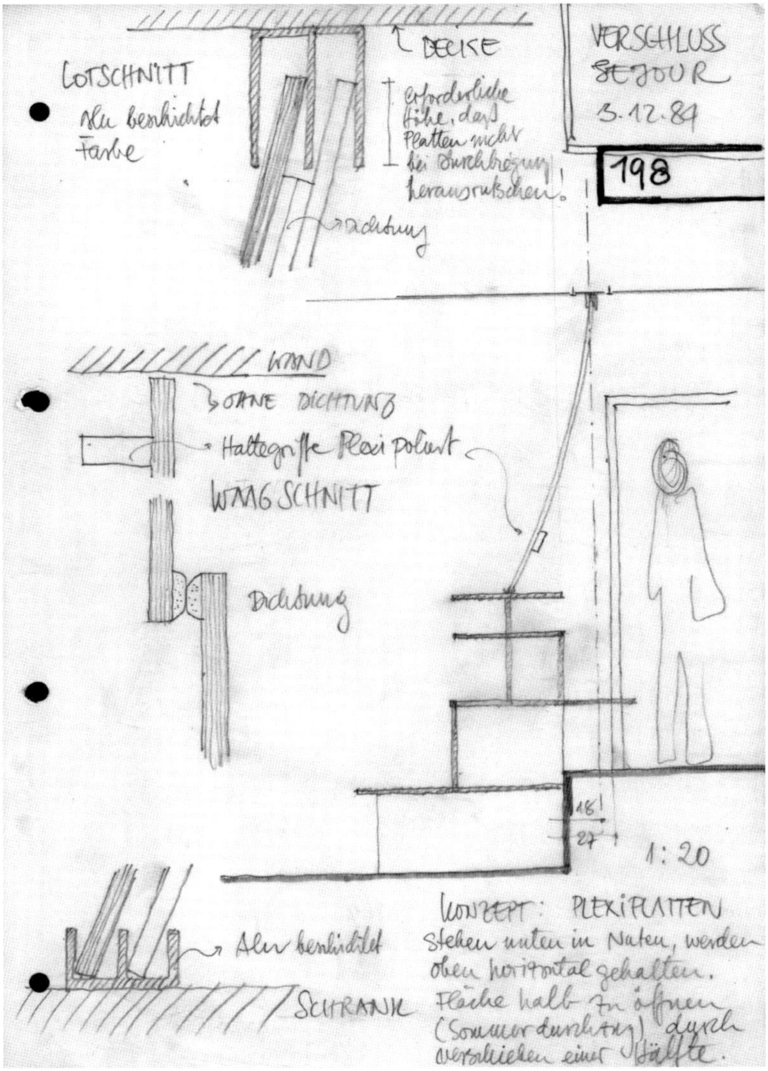

(90) Verschluss *Séjour*, Plannr. 198, 03.12.1984, Bleistift und grüner Filzstift auf Transparentpapier, 30x21 cm, AKF

nen Außenraumes, der den Betrachter an bewachsene Rankgerüste erinnert und zusammen mit den beiden rustikalen Sprossenfenstern im Obergeschoss (→**4**,→**5**) die Optik eines Dorfplatzes erzeugt. Tatsächlich jedoch wurde das Atrium kaum für Bepflanzung verwendet, obwohl Frey diese Nutzung als Wintergarten ausdrücklich vorgesehen hat. Für Karl Zankel erfüllte das Spalier vor allem eine akustische Funktion, da durch die vergrößerte Oberfläche der Schall in der Halle besser absorbiert werden kann.[1]

[1] Karl Zankel im Gespräch mit StudentInnen der TU Graz, Graz, 23.11.2010.

Billige Materialien und die „Ökonomie der Mittel"

Der durchdachte Einsatz von effizienten Werkstoffen und günstigen Produkten zieht sich wie ein roter Faden durch die Detailplanung des Hauses Zankel. Wesentlich ist für Frey bei der Erbringung einer Leistung stets der dafür erforderliche Aufwand, da auch preiswerte Materialien und Produkte eine eigene Qualität entwickeln können.[2]
Einer dieser Werkstoffe ist die Sperrholzplatte, die Frey als einer der ersten Architekten sowohl im Innenausbau wie auch im Außenraum einsetzt, wie beispielsweise bei den Oberflächen im Haus Fischer am Grundlsee (1972–1978), die aufgrund der guten Pflege völlig intakt sind (→**105**). Zwar wurde schon im 19. Jahrhundert von Michael Thonet mit Sperrholz im Bereich des Möbeldesigns experimentiert und war dieses Material während der 1920er und 1930er Jahre bei Architekten der Moderne wie Gerrit Rietveld und Alvar Aalto wegen seiner Formstabilität für Einrichtungsentwürfe sehr beliebt, doch kam es erst in den 1980er Jahren auch als Baustoff vermehrt zum Einsatz.[3] Sperrholz weist je nach den für die verleimten Schichten gewählten Furnieren eine unterschiedliche Maserung auf und macht durch natürliche Holzfarbe, unterschiedliches Fladerbild und besondere haptische Eigenschaften die dem Holz immanente Ästhetik wahrnehmbar.
Frey verwendete im Haus Zankel diesen Werkstoff in vielen Bereichen, jedoch mit jeweils anderen Holzarten für die unterschiedlichen Anforderungen: Für häufig benutzte Elemente kommen belastungsfähige Nadelhölzer, die für Transportkistensperrholz übliche Pinie, für die Schiebetüren der Schränke zum Einsatz (→**44**), während für die Wand- und Deckenvertäfelungen weiche, leichte Laubbaumhölzer mit einer geringen Widerstandskraft gegen mechanische Belastung verwendet werden, wie etwa Pappel in den Wohnräumen (→**49,**→**61,**→**64**) und finnische Birke im Familienbad (→**55**). Überraschend ist hier die Verwendung von Holz auch für Nassbereiche, wodurch im Bad eine besonders behagliche Atmosphäre entsteht.
Weitere effiziente, kostengünstige Materialien und Produkte, die Frey im Haus Zankel einsetzt, sind Drahtglas, Plexiglas, PVC, Thermoclear-Doppelstegplatten und Alu-Schienen. Auch andere Vertreter der „Grazer Schule" experimentierten mit den speziellen Materialeigenschaften von ungewöhnlichen und neuartigen Baustoffen; beispielsweise spannte Helmut Richter im Restaurant Kiang 1 in Wien (1996) eine Kunststoffmembran als Raumteiler und gestaltete Einrichtungselemente aus Sperrholz, Doppelstegplatten und buntem Plexiglas. [14]

[2] Konrad Frey im Gespräch mit StudentInnen der TU Graz, Graz, 01.12.2010.
[3] Vgl. http://designmuseum.org/design/plywood [abgerufen am 17.12.2010].

Non-Standard und der Charme des Experimentellen

Das Haus Zankel spiegelt Freys Vorliebe für Materialien des Alltags wider, mit denen er ein intelligentes, hochkomplexes Produkt entwickelt und doch einen unaufdringlichen *low-cost*-Charakter beibehält, da es so minimalistisch wie möglich konstruiert ist.[4] So wurden etwa im Familientrakt für den *séjour* und das zweite Obergeschoss flexible, raumbildende Falt- und Pendeltüren aus transluzenten Thermoclear-Doppelstegplatten entworfen, die wie japanisch anmutende Paravents wirken und die großzügige Raumgestaltung und Belichtung auch in den abgetrennten Bereichen erlebbar machen (→**91**). Da sich die Doppelstegplatten schon bei geringem Druck elastisch durchbiegen, erfand Frey eine Konstruktion, bei der an beiden Seiten ein Stahldraht bogenförmig von oben nach unten gespannt wird und am Scheitelpunkt durch den Beschlag fixiert ist (→**92**). Diese Aussteifungsmaßnahme der Faltwände verbessert die Standfestigkeit der Thermoclear-Elemente und macht sie für den Alltag gut benützbar.

Das große, die gesamte Breite des Atriums einnehmende Tor zum Garten ist wohl die aufwändigste Erfindung im Haus Zankel – und sein ästhetisches und technisches Glanzstück (→**1**,→**3**,→**35**,→**41**,→**42**). Es besteht ausschließlich aus Plexiglas: zwei Scheiben wurden wie ein Sandwich durch dazwischen geklebte aussteifende Stege miteinander verbunden, die in ihrer Form und Lage dem Kräfteverlauf folgen. Frey plante ursprünglich einen Rahmen aus Aluminium. Aufgrund der unterschiedlichen Ausdehnungskoeffizienten von Plexiglas und Aluminium lehnte Karl Zankel diese Lösung ab und schlug – in Kenntnis der außerordentlichen Fähigkeiten der Gerätebauer des CERN – vor, das Tor ausschließlich aus Plexiglas fertigen zu lassen.

Obwohl der erste Versuch der Umsetzung fehlschlug und der zweite Prototyp während des Transportes zerbrach, konnten doch die Erkenntnisse der Mängelanalyse in die dritte Anfertigung miteinbezogen werden. Das expressive Erscheinungsbild des Tores, das dem Wunsch des Bauherrn gemäß im Ganzen zu öffnen sein sollte (→**93**), wird vorwiegend durch seine offengelegte Konstruktion geprägt, wobei die Strahlenform der aussteifenden Stege gut zur solaren Thematik der Südseite passt. Durch seine Transparenz und physikalische Stringenz vermittelt das Tor eine besondere Leichtigkeit und Eleganz, aber auch Fremdartigkeit, welche entfernt an die Versuchsgeräte und Apparaturen des CERN erinnert.

Auch die speziell für das Haus entworfenen Beleuchtungsobjekte strahlen einen eigenen experimentellen Charme aus, wie beispielsweise das Element im Eingangsbereich des Atriums, das aus einer schräg an der Wand montierten Neonleuchtstoffröhre und einem

[4] Konrad Frey im Gespräch mit Verena Schulter, 01.12.2010.

(91) Falttür, Kinderzimmer im 2. Obergeschoss, Familientrakt, Blick Richtung Westen (Foto: I. Rebhandl, 2010)

(92) Haltegriff, Falttür Kinderzimmer im 2. Obergeschoss, Familientrakt (Foto: I. Rebhandl, 2010)

(93) Atriumtor, hydraulisch geöffnet (Foto: A. Wagner, 2010)

Schirm aus perforiertem Blech besteht (→**37**). Durch die exponierte Lage frei im Raum verbindet es optisch die Brücke mit der Wand zum Familientrakt.
In vielen Entwürfen Freys für das Haus Zankel findet sich der architektonische Anspruch wieder, mit einfachen modernen Mitteln, Ideenreichtum und sorgfältiger Planung ein funktionelles Ergebnis zu erzielen, oder wie Helmut Richter meint: „Wenn es eine Struktur des Ästhetischen gibt, dann besteht sie sicher nicht aus einer Menge oder Teilmenge von Formen, die zu einer bestimmten Zeit entstanden sind, sondern in der erfinderischen Ordnung, Prüfung und Neuordnung von Elementen, die nicht durch Klassenzugehörigkeit ausgezeichnet sind."[5] So zeugt besonders die Detailausarbeitung vom Erfindungsgeist und der Liebe zum technischen Raffinement, die Architekt und Bauherr teilen, und verleiht dem Haus Zankel als „Gesamtkunstwerk" seine eigene Ästhetik.

[5] Helmut Richter, zit. in: Stadtplanung Wien/Magistrat der Stadt Wien (Hg.), Ganztagshauptschule Kinkplatz Wien 14, Wien 1995, 1.

Stefan Petrovic

„UNSER LICHTDURCHSTRÖMTER SHELTER“

Das „Babenheim“, seine BewohnerInnen und sein Publikum

Der Bauherr

Karl Zankel (→**94**) wurde 1936 in Thörl in der Obersteiermark geboren. Nach der Matura am Realgymnasium in Bruck an der Mur studierte er Maschinenbau an der Technischen Hochschule Graz und anschließend Physik an der Universität Grenoble, wo er 1967 mit einer Arbeit über die thermische Diffusivität von Festkörpern promovierte.[1] 1968 übersiedelte er mit seiner Frau Ute, die als Übersetzerin tätig war, nach Genf, um am CERN (*Conseil Européen pour la Recherche Nucléaire*) eine Stelle für physikalische Grundlagenforschung anzunehmen. Nach der Geburt der Kinder Therese und Clemens erwarb Zankel einen Baugrund im französischen Prévessin-Moëns nahe der Schweizer Grenze, und beauftragte 1976 seinen entfernten Verwandten Konrad Frey mit der Planung eines Hauses, das familienintern bald „Babenheim“ genannt („Baben“ war die von Therese Zankel geprägte Bezeichnung für Kinder) und großteils in Eigenregie bis 1985 fertiggestellt wurde. Wenige Jahre später wurde Zankel von zwei schweren Schicksalsschlägen getroffen: 1993 erlitt er einen schweren Verkehrsunfall, der ihn zwei Jahre lang an den Rollstuhl fesselte, und 1995 verstarb seine Frau Ute. 2000 heiratete er seine zweite Frau Helga und kehrte mit ihr nach seiner Pensionierung ein Jahr darauf nach Thörl zurück, wo das Paar bis heute lebt.

[1] Vgl. Karl Zankel, Contribution à l'étude de la diffusivité thermique des solides, Thèse Université de Grenoble, 1967.

(94) Karl Zankel beim Arbeiten am Haus Zankel (Foto: K. Frey, frühe 1980er Jahre), AKF

Karl Zankel schuf sich mit dem „Babenheim" ein seiner Profession und seiner Lebensweise entsprechendes Habitat. Die das Gebäude wesentlich bestimmende Solarheizung dokumentiert die fortschrittliche Denkweise und Experimentierlust des Bauherrn; zugleich erfüllte die Grundkonzeption des Gebäudes Zankels spirituelle Bedürfnisse, die der gläubige Katholik nach Fertigstellung des „Babenheims" in einer Reihe von Briefen an den Architekten zum Ausdruck brachte: „[...] die strenge Einfachheit weist hausauswärts, aus der Gemütlichkeit in die alleseinfordernde Transzendenz: damit ist das Bauziel erreicht."[2] In einem anderen Brief zitierte Zankel die Worte „c'est beau" („das ist schön"), die der älteste Malermeister von Prévessin über das Gebäude geäußert hatte. Dieses spontane Lob galt für Zankel als „Beweis für den Sieg des Absoluten, auch wenn es von Eifersucht und Geltungsdrang bedroht wurde".[3] Und er legte seinem Schreiben einen Zeitungsausschnitt mit einem Text Robert Walsers bei: „Es stimmt, dass ein Haus immer aus zwei Teilen besteht: aus dem Sichtbaren und dem Unsichtbaren, aus der äußeren Struktur und dem Inneren, und dass diese innere Struktur vielleicht gleich viel, wenn nicht noch mehr für den Halt und das Gleichgewicht des Bauwerks zählt, als die Fassade."[4]
Nach seinem Unfall empfand Zankel das Haus als wesentlichen Beitrag zu seiner Genesung: „Jetzt, da mir eine stabilitas loci mehr als

[2] Karl Zankel in einem Brief an Konrad Frey, 11.08.1985, AKF.
[3] Karl Zankel in einem Brief an Konrad Frey, 22.12.1985, AKF.
[4] „Il es vrai qu'une maison comporte toujours deux parties, la visible et l'invisible, la structure extérieure et l'assise intérieure, [...]ue cette charpente intérieu[...] compte peut-être autant, sinon davantage, pour le soutien et l'aplomb de la bâtisse, que la façade extérieure." Robert Walser, zitiert in einem Zeitungsausschnitt vom 02.05.1985, von Karl Zankel einem Brief an Konrad Frey beigelegt, ebd.; deutsche Übersetzung Christina Schmidt.

früher auferlegt ist", schreibt er im Juni 1994 an Frey, „kommt mir unsere [sic] lichtdurchströmter Shelter als eine besondere Tröstung vor. Es ist nicht die ‚Rollstuhlgängigkeit', sondern das In- u. Auseinander von Räumen, von Außen und Innen, das mich in Bewegung hält – auch mit gelähmten Gliedmaßen." [5]
Für Zankel sollte das Haus vor allem eine Atmosphäre der Offenheit ausstrahlen und tatsächlich nächtigten dort zahlreiche Freunde und Verwandte aus Österreich, aber auch „Fremde" wie Mitarbeiter des CERN, Architekturstudenten und Professoren. Dies spiegelt die Gestaltung des Gästetrakts mit eigener Küchenzeile, in dem sich Besuch und Familie auch in eigene Wohnbereiche zurückziehen können ohne sich zu stören, auf eindrucksvolle Weise wider.

Die Einweihungsfeier

Am 12. Juli 1985 fand nach siebenjähriger Bauzeit die Eröffnungsfeier mit eigens von den Kindern gestalteter Karte ihres „Babenheims" statt (→**96**), zu der auch der steirische Landeshauptmann Josef Krainer (ÖVP) mit einer Delegation anreiste (→**97**), ebenso wie der Kärntner Diözesanbischof Egon Kapellari, den Zankel aus seiner Zeit als Student in Graz kannte und der in seiner Rede über das Haus meinte (→**95**): „Die Empfindungen, die sich mir beim ersten Besuch [...] eingestellt haben, waren nur in Gegensätzen ausdrückbar: kompli-

(95) Bischof Egon Kapellari bei seiner Ansprache zur Hauseinweihung, 12.07.1985, AKF

zierte Einfachheit, kostspielige Armut, hochreflektierte Naivität – solche Komplementaritäten oder Paradoxien drängten sich beim ersten Schauen und tastenden Zu-Wort-Bringen des Gesehenen auf. Dieses Haus ist eine Synthese von schöpferischer Phantasie, Liebe zur Geo-

[5] Karl Zankel in einem Fax an Konrad Frey, 20.06.1994, 1 f., AKF.

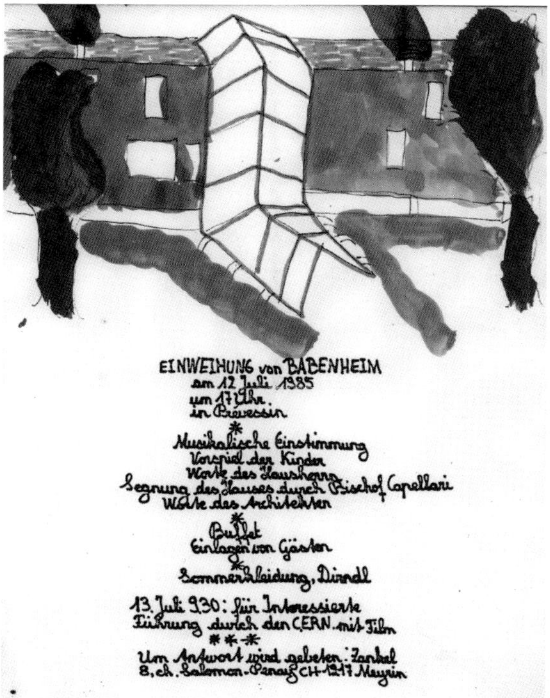

(96) Therese Zankel, Einladung zur Hauseinweihung, 1985, AKF

metrie und Bereitschaft zu mancherlei Verzicht. Dem Bauopfer mythischer Vergangenheit entspricht hier ein ungewöhnlich hoher Einsatz an Ideen, Zeit und materiellen Mitteln im Dienst dieser Ideen. Dem mythischen Bauopfer entspricht hier auch ein Verzicht auf manche Elemente gesellschaftsüblichen Komforts von seiten des Bauherrn und seiner Familie." [6]

Der hohe Besuch aus der Heimat spiegelt neben Zankels Verankerung in der katholischen Kirche auch das Interesse bürgerlicher Politiker an innovativer Architektur in den 1980er Jahren wider, als die „Grazer Schule" international für Aufsehen sorgte und von dem von Krainer initiierten „Modell Steiermark" entscheidend gefördert wurde.

Die Handwerker als erste Bewohner

Der Einweihung war eine ungewöhnliche Bauphase vorangegangen, in der Arbeiter aus Österreich jeweils für mehrere Monate nach Prévessin kamen und in den bereits fertiggestellten Räumen Quartier bezogen. Nach verschiedenen Baufehlern hatte Zankel nämlich das Vertrauen in die Firmen vor Ort verloren und entschied sich, gemein-

[6] Egon Kapellari, Zur Einweihung des Hauses der Familie Zankel, masch.-schr. Manuskript, 12.07.1985, 1 f, AKF.

(97) Landeshauptmann Josef Krainer und Karl Zankel bei der Hauseinweihung, 12.07.1985, AKF

sam mit meist aus Graz oder Thörl stammenden angelernten Arbeitern, den Bau voranzutreiben.[7] Durch diese Wohnsituation und die intensive Zusammenarbeit entwickelte sich eine besondere Beziehung der Handwerker zum Haus. Für einen von ihnen, Helmuth Fritz, der heute in der Bauwirtschaft tätig ist, wurde das Haus nicht nur dem Aussehen nach zu einem Laboratorium, sondern tatsächlich zu einem Ort, an dem viele neue Details erfunden und experimentell getestet werden konnten. Die intensive Zusammenarbeit erzeugte ein starkes Gemeinschaftsgefühl, und jeweils am Ende der Arbeitsmonate verbrannte die Gruppe ihre Arbeitskleidung rituell im Garten, um sich von der temporären Arbeiter-„Kommune" wieder emotional lösen zu können.[8]

Auch später wohnten immer wieder Arbeiter für einige Wochen im Haus, um Reparaturen wie etwa am Plexiglastor durchzuführen, Folien zu tauschen, Wasserschäden zu beheben oder die Heizung zu digitalisieren.[9]

[7] Karl Zankel im Gespräch mit StudentInnen der TU Graz, Graz, 23.11.2010.
[8] Helmuth Fritz im Gespräch mit StudentInnen der TU Graz, Graz, 25.11.2010.
[9] Helga Zankel im Gespräch mit Stefan Petrovic, Graz/Thörl, 30.11.2010.

(98) Helmuth Fritz bei der Arbeit im WC des Atriums mit Clemens und Therese Zankel, um 1983 (Foto: Archiv Helmuth Fritz, Graz)

Die Kinder und ihr „Babenheim"

Bereits mit der Namensgebung „Babenheim" wie auch mit den Initialen „C ZT" auf der Pflasterung vor der Südfassade (→**35**) brachte Zankel zum Ausdruck, für wen er das Haus errichtete: seine beiden Kinder Clemens und Therese (→**98**). Clemens Zankel betont heute, dass der Hausbau den Lebensinhalt der gesamten Familie bedeutete, wofür sie jahrelang die gesamte Freizeit opferte, und hätte sein Vater nicht diese enorme Ausdauer und technische Fertigkeit bewiesen, wäre das Projekt – außer mit enormem finanziellen Aufwand – nicht realisierbar gewesen.[10] Obwohl die

[10] Clemens Zankel im Gespräch mit Stefan Petrovic, Graz, 11.01.2011.

Kinder zwar gestalterisch kaum Einfluss nehmen konnten, durften sie bei typischen Bauarbeiten, wie Schweißen, Löten und Mauern mithelfen und verbrachten so viel Zeit mit ihrem Vater auf der Baustelle.[11] Allerdings schrieb Ute Zankel 1986 in einem Brief an Frey, dass durch das gefährliche Stiegenhaus Kleinkinder ohnehin nicht von der Leine – also unbeaufsichtigt – gelassen werden dürfen, und bezog sich damit nicht nur auf die Treppe ohne Brüstung und jene im Atrium mit gespannten Stahlseilen als Geländer.[12] Denkwürdig nimmt sich in diesem Zusammenhang Freys nicht zur Ausführung gelangte Idee einer Kinderrutsche aus, die dem Lauf der Treppe im Atrium folgen sollte. Ein besonderes Erlebnis als Spielplatz bot das Atrium, das von den Kindern und ihren Schulfreunden auch zum Tischtennisspielen genutzt wurde.[13] Die meiste gemeinsame Zeit verbrachte die Familie jedoch im *séjour*, wo auch die beiden Schreibtische für die Hausaufgaben standen, da ausschließlich hier und im Badezimmer geheizt wurde und die anderen Räume demnach zu kühl zum ständigen Aufenthalt waren.[14] Diese Idee eines gemeinsamen Raumes für die Familienmitglieder mutet heute nicht nur kommunikativ und fortschrittlich an, sondern auch einschränkend und überwachend – in den 1980er Jahren brach dieses Konzept jedoch mit bis dahin üblichen Wohnritualen, in denen Lernen und Spielen sich oftmals auf das Kinderzimmer beschränkten und das Wohnzimmer als kaum genutzter (musealer) Raum funktionierte. Diese eingeschränkte Nutzung des riesigen Hauses zeigt sich auch darin, dass beide Kinder für längere Zeit das Gaupenzimmer im ersten Obergeschoss bewohnten, das eng und unzureichend belichtet ist, bevor Therese in den größeren Raum im zweiten Obergeschoss zog.[15] Mit dem Studium verließen die Kinder das „Babenheim", leben und arbeiten nun in anderen Städten und haben es, obwohl sie es ästhetisch gelungen finden, nicht wie der Bauherr zu ihrem Lebensinhalt gemacht.[16]

Ute Zankels Platz im „Babenheim"

Im Gegensatz zu Architekt und Bauherr, die mit ihrer Begeisterung für Zukunftskonzepte die unzähligen Hürden beim Hausbau gemeinsam meisterten, war Ute Zankels aktiver Mitwirkung bei der Planung enge Grenzen gesteckt: ihre Rolle schien festgelegt und der räumlichen Anordnung buchstäblich eingeschrieben, wie etwa ein früher Entwurf den Familientrakt mit „Kinder" bezeichnet, sodass Küche, Essplatz und *séjour* als Räume gelten, von wo aus die Frau (in dem ihr zugewiesenen Metier) den Nachwuchs beaufsichtigen sollte. Der Gä-

[11] Ebd.
[12] Ute Zankel in einem Brief an Konrad Frey, 27.02.1986, AKF.
[13] Clemens Zankel 2011 (wie Anm. 10).
[14] Ebd.; Karl Zankel 2010 (wie Anm. 7).
[15] Karl Zankel 2010 (wie Anm. 7); Clemens Zankel 2011 (wie Anm. 10).
[16] Karl Zankel 2010 (wie Anm. 7); Clemens Zankel 2011 (wie Anm. 10).

stetrakt hingegen ist mit „Mann" bezeichnet und zeigt doch in seiner Ausgestaltung der Gästeküche mit Essplatz im oberen Teil und dem Wohnbereich mit Kamin und „Salettl" im unteren Teil eine moderne, wohnliche Atmosphäre.

Auch die Gestaltung der Farben und Materialien zeigt eine deutliche Trennung der Geschlechterrollen, wie beispielsweise die rosa angelegten Türen und das in Holztönen gehaltene Bad im Familientrakt, im Gegensatz zu den blauen Türanstrichen im Gästetrakt, der für die Handwerker, Wissenschaftler und Freunde eine Art „Junggesellenzone" innerhalb des Hauses bot.

Die ablehnende Haltung des Architekten und des Bauherren gegenüber den Vorschlägen Ute Zankels, die sich manches konventioneller und funktionaler wünschte, doch (einfach) keine Pläne lesen könne, spiegelte sich auch in Freys Briefen wider, beispielsweise wenn er gegen ein Badezimmerkästchen[17] des „Mittelmaßes" und der „Verstümmelung" polemisierte und für (seine und Karl Zankels) Lösungen der „Ingenuität" des „großen Experiments Babenheim" argumentierte:[18]

„Mit dem, was Du für das Familienbad zu wünschen scheinst, möchte ich nichts zu tun haben. Das Bad ist sehr klein, selbst eine Art begehbares Möbel. Was man da noch dazutut, um Gegenstände abzustellen und aufzubewahren, muß sorgfältig integriert sein, muß Teil des Raumes sein, sonst wird die Kleinheit zur Notdurft. Mein Dreieck Vorschlag ist sicher weniger praktisch als der Deine, aber er nimmt dem Raum nichts weg an Qualität, gibt vielleicht noch einen zusätzlichen Drall, weist hinaus aus dem gewöhnlichen, von dem wir rundherum einbetoniert sind. Sich für das Mittelmaß einzusetzen führt nirgendwohin. Mit Forderungen, die Ingenuität verweigern, die zu Verstümmelung und Verhinderung führen, möchte ich nichts zu tun haben. Ich weiß, daß in dir auch der andere Geist ist, der Dich erkennen läßt, daß dieses große Experiment Babenheim aus dem gewohnten notdürftigen hinausweist. Schon der Kinder wegen dürftest Du's nicht verhindern."[19]

Selbst bei der Planung des Küchenbereichs im Familientrakt (und obwohl die Einbaumöbel und Geräte dafür schon in Österreich gekauft waren) stand Ute Zankels Meinung meist in Opposition zu Architekt und Bauherr. Dennoch beschäftigte sie sich, wie aus den Briefen hervorgeht, umfassend mit dem Projekt und konnte eine Öffnung der Raumabteilungen zwischen Küche, Essplatz und *séjour* erreichen, die schließlich nur noch mit transluzenten Faltwänden abgetrennt wurden und damit eine günstigere Belichtung des *séjour* ermöglichten. Ihre Einwände gegen die Schrägstellung der Badewanne im Familienbad und die zahlreichen Spiegel im Gästebad – die zwar schön doch schwer zu reinigen seien – wurden jedoch nicht berücksichtigt.

[17] Ute Zankel 1986 (wie Anm. 12), 1.
[18] Clemens Zankel 2011 (wie Anm. 10); Karl Zankel 2010 (wie Anm. 7).
[19] Konrad Frey in einem Brief an Ute Zankel, 24.07.1986, AKF.

Tatsächlich war Ute Zankel letztlich mit vielem, was Bau, Einrichtung und Benützung betraf, nicht zufrieden, vor allem „wie kalt es überall herein geht"[20] und welch enormen Aufwand es für sie bedeutete, das große Haus und den Garten in Ordnung zu halten.[21] Als ihren Rückzugspunkt wählte sie schließlich das Zimmer im zweiten Obergeschoss des Gästetrakts: Es ist der zuletzt zu erreichenden Raum des Hauses, relativ klein und verwinkelt, doch mitten in den Baumkronen; ein Ort, der wohl auch ihre innere Distanz zum Haus zum Ausdruck brachte.

Umnutzungen und Perspektiven

Nachdem Karl und Helga Zankel 2001 zurück nach Thörl gezogen waren, wohnten anderen Nutzer meist mietkostenfrei im Haus, welche die Räume teilweise stark veränderten, um sie ihren Bedürfnissen anzupassen, obwohl keine Umgestaltung der Substanz erlaubt war.[22] So wurden beispielsweise Elektroheizkörper montiert, bei der Gerüsttreppe das Geländer mit Sperrholzplatten ergänzt, in den Obergeschossen Laminatböden verlegt, am Balkon Schilfrohrmatten als Sichtschutz angebracht und der *séjour* mit einer orangen Wandfarbe gestrichen und mit Vorhängen ausgestattet, um das Haus „wohnlicher" zu machen (→**99**).

(99) Wohnzimmereinbauten, Herbst 2010 (Foto: K. Frey), AKF

[20] Karl Zankel 2010 (wie Anm. 7).
[21] Clemens Zankel (wie Anm. 10).
[22] Unter diesen neuen Bewohnern war die Tochter eines mit der Familie Zankel befreundeten Diplomaten gemeinsam mit ihrem Ehemann, ein Grazer Physiker mit seiner Frau, ein französisches Paar, das auch drei Untermieter aufgenommen hatte, und ein ungarischer CERN-Mitarbeiter mit seiner Frau. Auch eine Privatschule nutzte für zwei Jahre das Erdgeschoss für Unterrichtsräume. Karl Zankel 2010 (wie Anm. 7).

Da die Technik der Solarheizung im Laufe der Jahre versagt hat, die Lüftung außer Funktion, in den Schotterspeicher Feuchtigkeit eingedrungen und die Dämmung abgesunken ist, die Folien brüchig geworden sind und auch die ständigen Einbrüche für die Mieter belastend waren, ist das Haus seit 2010 unbewohnt.

Die Kinder fühlen sich dem Haus zwar verbunden, doch sei durch die dicht herangebauten Nachbargebäude eine besondere Qualität, das freie Feld vor dem Haus, verloren gegangen, und der finanzielle Aufwand es zu erhalten zu groß.[23] Karl Zankel meint auch, dass das Haus seinen Dienst getan habe und er sich nicht vorstellen könne, wer es im jetzigen Zustand nützen solle. Da die einst schöne Gegend heute nur noch als *dormitory* zum Übernachten genutzt werde, sei allein der Wert des 2.000 Quadratmeter großen Grundstücks noch relevant.[24] Eine Sanierung wäre kostspielig, da nicht nur Solarheizung und Lüftungssystem komplett erneuert, sondern auch die für die Familie Zankel entworfenen Räume für andere Nutzer angepasst werden müssten – was den besonderen Charakter des Hauses auslöschen könnte. Konrad Frey hat das Haus Zankel nicht auf Dauerhaftigkeit gebaut, wie schon Bischof Kapellari bei der Eröffnungsrede meinte: „Wir schreiben unsere Spur auf Wasser auch dann, wenn mit dem Werkstoff Beton gebaut wird."[25] Wenn das Haus nicht mehr gebraucht werde, solle es, so Frey, umgebaut oder abgebrochen werden, um Platz für Neues zu schaffen. Der Idee, das „Babenheim" rein aus ästhetischen Gründen zu erhalten und so zu einem Denkmal zu machen, kann der Architekt nicht zustimmen, da es Nutzen und Freude bringen solle.[26]

[23] Clemens Zankel 2011 (wie Anm. 10).
[24] Helga Zankel meint jedoch auch, sie habe die Hoffnung noch nicht aufgegeben, dass jemand die Begeisterung für das Innovative des Hauses teile und auch über die nötigen finanziellen Mittel verfüge: „Mein Mann hat viele Jahre seines Lebens in dieses Haus investiert und er liebte es! Es war sein Hobby, wie jemand von einem Hobby nur besessen sein kann. Nun ist er müde." Helga Zankel 2010 (wie Anm. 9).
[25] Kapellari 1985 (wie Anm. 6).
[26] Konrad Frey im Gespräch mit Stefan Petrovic, Graz, 01.12.2010.

Patricia Fischer/Ingrid Böck

KONRAD FREY: KÖNNER, DENKER, ABENTEURER UND EXPEDITIONSLEITER[1]

Ein Manifest

Als Architekt beschreibt Konrad Frey sich selbst als zweifelnd und suchend. Sein Interesse an Technik und innovativen Konzepten für die Infrastruktur zeigt sich schon in seinen Studentenarbeiten. Diese zeichnen sich durch ihr besonderes Augenmerk auf die Konstruktion und den Raumbedarf für Versorgungseinheiten aus, welche von den meisten Architekten ignoriert werden.[2]

Frey beginnt jedes Projekt mit einer systematischen Analyse, mit dem Schreiben von Tabellen, dem Formulieren von Zielen und dem Sammeln von Kriterien für spezielle Situationen. Erst am Ende entwickelt sich eine Entwurfsidee, die auf ihre Tragfähigkeit überprüft wird. Nach der Untersuchung des Umfeldes (Was wird verlangt? Was soll das Gebäude alles können?) folgen Recherchen, wie diese Aufgabe gewöhnlich gelöst wurde, und eine genaue Analyse dieser Nutzungsform, um die aufgetretenen Nachteile bei der Umsetzung zu ermitteln. So gelangt Frey über die Mängel üblicher Realisierungen zu Verbesserungen, die in der Folge auch formale Konsequenzen ergeben.[3]

Nach Freys Verständnis von Architektur würden nur wenige Bauten ihren Aufwand rechtfertigten. So verhalf ihm unter anderem Cedric Price zu neuen Denkansätzen, wie beispielsweise „weg von einem

[1] Vgl. Viktor Bucher, Zehn Fragen an zehn Architekten, in: Architektur & Bauforum, H. 170 (1995), 60–75, hier 65.

[2] Konrad Frey im Gespräch mit Patricia Fischer, Graz, 25.11.2010.

[3] Ebd.

dauerhaften Gebäude".[4] Da das Programm wesentlich für den Entwurfsprozess ist, sollte der Architekt nicht sofort beginnen, zu planen, sondern bestehende Problematiken verbessern und damit einen Schritt zurück zu den Nutzern und ihren Anliegen gehen.
Für die Gesellschaft und den Auftraggeber nützlich sein, heißt für Frey: mehr bringen als kosten. Eine noch so raffinierte Glasfassade interessiere ihn nicht (mehr), vielmehr „müssen Gebäude besser werden, reicher, nützlicher und dichter, aber mit einfachen Mitteln. Architektur muss aufscheuchen, mehr bieten als sich die Auftraggeber vorstellen können." Als Herausforderung empfindet er, dass die Gebäude so langlebig und starr sind, während sich die Funktionen ständig verändern: „Ich möchte Bauten machen von denen die Leute sich nicht vorstellen können, dass sie sie brauchen. Das Neue ist notwendig, weil uns das Alte an der Entwicklung hindert." [5]

Lehr- und Experimentierjahre

Konrad Frey (→**100**) wurde 1934 in Wien geboren, wuchs in der Steiermark auf und begann ein Chemiestudium in Graz und den USA.[6] Heute erinnert er sich, dass der Auslandsaufenthalt in den USA erstmals sein Interesse an der Kunst des 20. Jahrhunderts geweckt habe.[7] Besonders beeindruckten ihn in New York das Seagram Building und die Bilder des *Endless House* im Museum of Modern Art. Eine wichtige Bezugsperson in dieser Zeit sei auch die Wiener Innenarchitektin Ilse Henning gewesen, die einige Jahre bei Adolf Loos gearbeitet hatte.
Nach einem vierjährigen Chemiestudium wechselte Frey 1959 zur Architektur und inskribierte sich an der Technischen Hochschule Graz, nachdem er die Aufnahmeprüfung bei Roland Rainer an der Wiener Akademie der Bildenden Künste nicht geschafft hatte.[8]
Das Grazer Architekturstudium war für Frey allerdings durch das Fehlen großer Lehrerpersönlichkeiten und moderner Lehrangebote gekennzeichnet, sodass er sich das Meiste selbst erlesen und erarbeiten musste.[9] Aus diesem „Selbstbrutkasten der Grazer Technik" suchte er die Grenzen des Vorstellbaren abzustecken und diese um einen neuen Denkraum zu erweitern. Besonders interessierte er sich für internationale Vordenker wie Frederic Kiesler, Buckminster Fuller, Yona Friedman und Jean Prouvé.[10] Zusammen mit seinen Studienkollegen

[4] Konrad Frey, Sozial und funktional: Utopien aus Graz um 1970, Vortrag bei der Tagung „Was bleibt von der Grazer Schule?", 12.11.2010, TU Graz.
[5] Konrad Frey über sich, 16.06.1994, 5, AKF.
[6] Konrad Frey, Curr. KF, deutsch, April 2005, AKF.
[7] Frey 2010 (wie Anm. 2).
[8] Frey 1994 (wie Anm. 5), 1.
[9] Frey 2010 (wie Anm. 2).
[10] Frey 1994 (wie Anm. 5), 1.

(100) Konrad Frey bei der Eröffnung der Ausstellung „Frey_denken" im Haus der Architektur, Graz, 20.02.2013 (Foto: A. Angerer, 2013)

Klaus Gartler, Heidulf Gerngroß, Bernhard Hafner, Helmut Richter und Helmut Rieder bildete Frey eine umtriebige Gruppe junger radikaler Avantgardisten, die mit den überkommenen Architekturvorstellungen brachen und vom Architekturkritiker Friedrich Achleitner erstmals 1967 als „Grazer Schule" bezeichnet wurden – ein Label, das dann in den 1980er Jahren bei geändertem Inhalt Karriere machen sollte.[11]
In seinen Studentenprojekten entwickelte Frey utopische Megastrukturen, in denen er oft auf das historische Stadtgefüge Bezug nahm, wie beispielsweise in seinem *Beitrag zur Volksbefragung über die Gestaltung der Rathausfassade in Graz* (1966) (→**101**). Er entwickelte hier einen neuen „Raumnutzungsplan" in der Form einer vertikalen Stadterweiterung, indem an die Infrastruktur der Versorgungseinheiten individuelle Raumsysteme und mobile Elemente wie eine Schwebebahn angedockt werden können. Auch in seinem Wettbewerbsbeitrag *Drive-in Airport Berlin-Tegel* (1966) schuf er einen „Baukasten" mit Infill-Elementen auf zwei Ebenen, die je nach Bedarf verändert werden können, um den Transfer Straße/Flugzeug möglichst kurz zu gestalten (→**102**).
Ein weiteres radikales Projekt stellte die *Revitalisierung des Kirchenblocks am Kaiser-Josef-Platz in Graz* (1967) dar, Freys Staatsprüfungsarbeit für das Diplom, die eine variable, weitgehend von den Nutzern selbst bestimmte räumliche Organisation vorsah (→**103**). Unter einer hochtechnisierten Außenhaut soll eine Art Raum-Jukebox entstehen,

[11] Vgl. Friedrich Achleitner, Aufforderung zum Vertrauen. Architektur seit 1945, in: Otto Breicha/Gerhard Fritsch (Hg.), Aufforderung zum Misstrauen. Literatur Bildende Kunst Musik in Österreich seit 1945, Salzburg 1967, 561–584, hier 581; Anselm Wagner, Wie die „Grazer Schule" zweimal erfunden worden ist, in: ders./Antje Senarclens de Grancy (Hg.), Was bleibt von der „Grazer Schule"? Architektur-Utopien seit den 1960ern revisited (architektur + analyse 1), Berlin 2012, 55–73.

(101) *Beitrag zur Volksbefragung über die Gestaltung der Rathausfassade in Graz*, Collage, 1966, AKF

(102) *Drive-In Airport Berlin-Tegel*, Wettbewerb, zusammen mit Peter Thurner und Richard Gratl,1966, AKF

(103) Revitalisierung Kirchenblock Kaiser-Josef-Platz, Graz, 1967, AKF

indem verschiedene Räume durch Bild- und Schriftapplikationen sowie Licht-, Ton- und Temperaturemissionen medial erzeugt werden können.

Im Entwurf *Cowcicle* oder *Kuhwickel* (1967), angelehnt an Michael Webbs *Cushicle*, entwickelt Frey die Idee einer mobilen, veränderbaren Architektur weiter und plant anstelle eines üblichen Stallgebäudes einen Technoanzug für Kühe mit freistehenden, ergänzenden Versorgungsanlagen (→**104**). Dieses Konzept zielt auf optimale Bedingungen für die Rinderhaltung bei einem minimalen Einsatz von Ressourcen.[12]

Um zu erproben, welche der neuen Ideen auch umsetzbar waren, ging Frey nach dem Diplom nach London, einem Zentrum der Architekturavantgarde, um im interdisziplinären Architekturbüro Arup Associates zu arbeiten.[13] In den Planungsgruppen, die aus rund zwanzig Personen bestanden – davon jedoch nur zwei Architekten –, wurde das Entwurfsprogramm gemeinsam mit Fachplanern wie Statikern, Bauphysikern, Kommunikationsmanagern und sogenannten *Quantity Surveyors*, die allein für Kosten- und Vertragsmanagement zuständig waren, entwickelt.[14] Dieser Entwurfsprozess erfasste die verschiedensten Überlegungen und Aspekte einer Bauaufgabe, und erst am Ende wurden die einzelnen Komponenten, wobei auch die „Ökonomie der Mittel" einen wesentlichen Faktor darstellte, zu einem Ganzen zusammengefügt. Das Ziel bestand darin, „eine Aufgabe so komplex zu formulieren, wie es den Umständen angemessen ist, und dieses Ziel mit einem Minimum an Aufwand zu erreichen – Aufwand in räumlicher Ordnung, in Konstruktion, in Material, in Kosten, aber auch in der sinnlichen, optischen Erscheinung und in der Stimmung."[15]

[12] Konrad Frey im Gespräch mit Ingrid Böck, Graz, 09.02.2011.
[13] Frey 2010 (wie Anm. 2).
[14] Frey 1994 (wie Anm. 5), 2.
[15] Ebd., 3.

(104) *Kuhwickel*, 1967, AKF

Zusammen mit Florian Beigel, den er über Cedric Price kennenlernte und der sein Kollegen bei Arup wurde, gründete Frey 1970 das Büro Building, Planning & Resources, das die beiden bis 1975 führten.[16] Zusätzlich unterrichtete Frey an der Kingston University in London. Wie auch einige seiner früheren Studienkollegen kehrte Frey schließlich 1973 nach Graz zurück, zumal sich die Auftragslage in Österreich verbesserte hatte und die junge Generation am architektonischen Aufschwung mitwirken wollte.

Forschung und realisierte Bauten

Im Rahmen seiner Tätigkeit am Institut für Umweltforschung in Graz, dem heutigen Joanneum Research, wandte sich Frey von 1974 bis 1985 verstärkt innovativen Energiekonzepten zu und baute erste Sonnenkollektoren als integrative Komponenten der Architektur. In dieser Zeit konnte er die Solarheizung im Freibad Eggersdorf (1976) und die *Solardusche für Älpler* auf der Strohsitz-Alm bei Thörl in der Steiermark (1980) realisieren, sowie Konzepte für das Österreichische Sonnenhaus (1976–1977) und Gewächshäuser mit Röhrenspeichersystemen (1977–1980) erstellen. In Zuge dieser Forschung veröffentlichte er das *Handbuch für Energieberater* und gründete die Energiebera-

[16] Geboren 1941, erwarb Florian Beigel 1968 ein Architekturdiplom an der Universität Stuttgart und 1969 einen Master an der Bartlett School of Architecture and Planning in London. Seit 1979 ist er Leiter der Architectural Research Unit an der London Metropolitan University. Neben seiner Lehrtätigkeit als Professor und Gastvortragender an verschiedenen internationalen Universitäten zählen zu seinen wichtigsten realisierten Projekten das Half Moon Theatre in London (1985), die Paju Book City in Seoul, Korea (1999–2003), und die Kunstlandschaft Cospuden in Leipzig (1997–2001). Vgl. http://www.argekunst.it/de/node/448, www.londonmat.ac.uk/library/u78305_24.doc [abgerufen am 06.12.2010].

(105) Haus Fischer, Grundlsee, zusammen mit Florian Beigel, 1972–1978, AKF

tung Steiermark.[17] Auch das Solarhaus Zankel in Prévessin bei Genf (1976–1985) entstand während Freys Tätigkeit am Institut.

1985 eröffnete er ein eigenes Architekturbüro in Graz. Weiterhin folgten Lehraufträge und Gastprofessuren, u. a. an der TU Graz und der Universität Innsbruck, sowie Vorträge und Gastkritiken in Barcelona, London, New York, Denver und San Francisco.[18] Unter den zahlreichen Ausstellungen ist vor allem Freys Beteiligung an den legendären *Architekturinvestitionen Grazer „Schule" 13 Standpunkte* (1984) zu nennen, die nach dem Start im Grazer Forum Stadtpark durch Europa und die USA tourten.

Das Haus Fischer am Grundlsee im Ausseerland (1972–1978), das von Frey noch gemeinsam mit Beigel geplant wurde, experimentiert mit der aktiven und passiven Nutzung der Sonnenenergie und stellt als erstes Solarhaus Österreichs einen wichtigen Vorläufer des Hauses Zankel dar (→**105**).[19] Durch die Südhanglage wurde der Grundriss ähnlich wie später in Prévessin abgestuft, sodass auf der unteren Ebene Küche und Wohnräume, auf der oberen die Schlaf- und Nassräume liegen.[20] Obwohl die Schlafräume eher klein gehalten sind, wirkt das Haus durch die sichtbare Holzkonstruktion des Dachstuhles und die großzügige Gestaltung der Gemeinschaftsräume offen, geräumig und luftig. Die Stützen der Tragstruktur, die auch die ortsüblichen hohen Schneelasten aufnehmen müssen, wurden als „Baumstützen" aus-

[17] Frey 1994 (wie Anm. 5), 3.
[18] Frey 2005 (wie Anm. 6).
[19] Vgl. Konrad Frey, Haus Fischer am Grundlsee, in: Architektur aktuell 14, H. 76 (April 1980), 45–48.
[20] Vgl. Peter Pritz, Sonnenhaus macht manchen heiß. Architektonisches Energiemodell am Grundlsee: Zwischen „Futtertrog" und „Denkmalschutz"!, in: Amt der steiermärkischen Landesregierung (Hg.), Alternativanlagen in der Steiermark, Graz 1980, 28 f.

(106) Haus Fischer, Grundlsee, 1972–1978, Innenansicht Richtung SW (Foto: A. Wagner, 2010)

gebildet, um minimale Biegemomente zu erzielen und den Holzverbrauch möglichst gering zu halten (→**106**). Auch der Naturbezug spielt hier ähnlich wie beim Haus Zankel eine wesentliche Rolle, wobei die obere Ebene gleichsam eine Art Galerie bildet und die Fenster die Ausblicke auf den Grundlsee wie Bilder einer Ausstellung rahmen.
Die Anpassung der äußeren Hülle an das Energiekonzept bestimmt zwar wesentlich die Form des Hauses, doch gelingt es hier besser als beim Haus Zankel, die Nutzung des Innenraums darauf abzustimmen. Neben einer optimierten Anordnung der Wärmedämmung und Speichermassen in den Fußböden ist vor allem das System der Sonnenenergieempfänger an der Süd- und Ostseite das Kernelement der Solaranlage. Als Speicher fungiert eine verglaste Betonmauer, welche die Wärme nach und nach durch natürliche Konvektion an den Innenraum abgibt. Zusätzliche Wasserrohrleitungen in den Fußböden bringen die Wärme zu den im Norden gelegenen Räumen. Im Winter erwärmen die Sonnenstrahlen durch die Glasflächen der Süd- und Ostseite die Fußböden der Räume direkt, während im Sommer der Dachüberstand eine übermäßige Sonneneinstrahlung verhindert.[21]
Das Haus Rosegger in Graz (1987) stellt, ähnlich wie das Atrium des Doppelhauses Zankel, einen Verbindungsbau zwischen zwei Einfamilienhäusern dar. Der Raum zwischen den beiden auf einem Osthang gelegenen Bestandsbauten wird von einem zweigeschossigen „Tisch" eingenommen und umfasst neben dem Eingangsbereich, der Wendeltreppe und dem Zugang zum Garten auch Wohn- und Schlafräume.[22] Als Besonderheit erweitert ein weit über das steil abfal-

[21] Vgl. ebd., 47.
[22] Vgl. Peter Blundell Jones, Dialogues in Time. New Graz Architecture, Deutsche Übersetzung des Hauptteils, Graz 1998, 104.

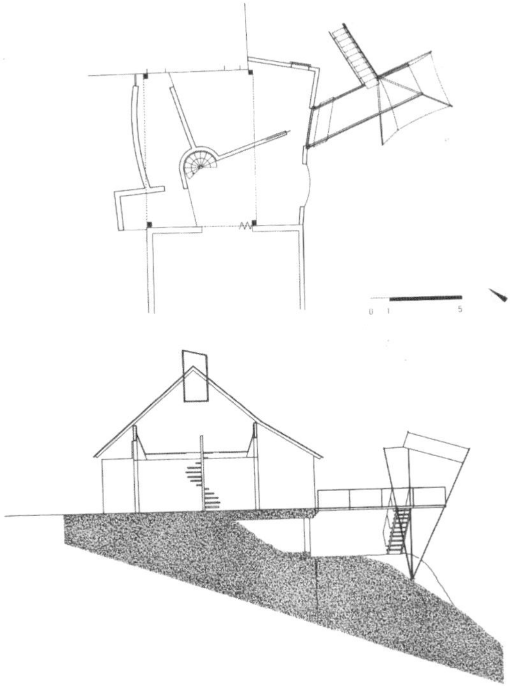

(107) Steg am Haus Rosegger, Graz, 1987, AKF

(108) Grundriss und Schnitt Haus Rosegger, Graz, 1987, AKF

lende Gelände ragender Stahlsteg den Wohnbereich bis zu einem Sitzplatz in den Baumkronen (→**107**,→**108**); Frey sieht darin „ein Manifest für die Ökonomie der Mittel".[23] Eine analoge Situation findet sich im Haus Zankel wieder, wo beispielsweise Gästezimmer und Elternschlafzimmer im ersten Obergeschoss und vor allem die beiden Terrassen im zweiten Obergeschoss mit direktem Blick in die Baumkronen den Baumhauscharakter betonen.

Auch beim Kunsthaus Mürzzuschlag (1989–1991) gelingt Frey der Zubau und die Adaptierung einer bestehenden, allerdings baufälligen Substanz mit zeitgemäßen, funktionalen Mitteln, sodass die aufgelassene Franziskanerkirche für die steirische Landesausstellung *Sport* und seither als vielseitig nutzbares Kulturzentrum Verwendung findet (→**109**).[24] Während das Untergeschoss zu einem Veranstaltungsraum umgebaut wurde, stellte Frey in das Kirchenschiff ein aufgeständertes Zwischengeschoss, um darunter einen Ausstellungsbereich und darüber eine Halle für Konzerte und Theater zu schaffen.[25] Eingang, Foyer, Verwaltungsbereich und Nebenräume sind in einer zusätzlichen äußeren Zone vor dem Gebäude angeordnet und erinnern mit der

[23] Konrad Frey, KF-Werkliste, 2009, AKF.
[24] Vgl. G., Schönheit der schroffen Harmonie, in: Die Presse, 20.06.1994.
[25] Vgl. Blundell Jones 1998 (wie Anm. 22), Katalogteil, 138 ff.

(109) Kunsthaus Mürzzuschlag, 1989–1991, AKF

grün getönten Glashaut an ein Baugerüst, das üblicherweise mit einem grünen Netz verhängt wird. Im Zwischenraum zwischen Neubau und Bestand befinden sich Treppen, Rampen und Zugänge, die immer einen Abstand zu den Altbauwänden halten und nur punktuell anschließen, um Raum für Durchblicke und Lichtschlitze frei zu lassen.[26] Frey versteckt Leitungen und Rohre nicht hinter Verkleidungen, sondern integriert sie in das Gesamtbild des Gebäudes.
Beim Kindergarten in Hart bei Graz (1995–1998) spielt die Lichtführung eine zentrale Rolle (→**110**). Im Grundriss befindet sich wieder ein Niveausprung zwischen einem unteren, südlichen Teil des Gebäudes mit den Aufenthaltsräumen der Kinder und einem oberen, nördlichen Teil mit Funktionsräumen wie Toiletten, Garderoben und Teeküche. Durch die Hanglage ist der Bau regelrecht in die Erde eingegraben, wobei die Räume auch eine natürliche Belichtung durch in der Decke eingesetzte Oberlichten bekommen. Durch die Ausrichtung zur Sonne, die massive Bauweise und das Erddach wird der Kindergarten zu einem energieeffizienten Nutzungsraum.
Das Spiel mit zwei verschieden Ebenen ist hier ähnlich wie beim Haus Zankel ein Gestaltungsmittel, um die topografische Lage auch im Inneren spürbar zu machen. Durch den Knick im Grundriss, der über die Mittelachse des Gebäudes verläuft, öffnen sich, ähnlich wie in Prévessin, der Eingangsbereich und die Gangfläche trichterartig und ermöglichen eine zusätzliche Belichtung der inneren Zone.
Frey wollte mit dem Gebäude in besonderem Maße auf die Bedürfnisse der Kinder eingehen und das Haus selbst zu einem Spielzeug

[26] Vgl. Architekturzentrum Wien: Kunsthaus Mürzzuschlag, in: http://www.nextroom.at/building.php?id=2410&sid=2893&inc=pdf (Stand: 14.09.2003) [abgerufen am 06.12.2010].

(110) Kindergarten Pachern, Hart bei Graz, 1995–1998, Ansicht von Südosten (Foto: A. Angerer, 2012)

machen. So wirken die drei Aufenthaltsräume und der Turnsaal wie Spielhöhlen, die durch die räumlichen Gegensätze zwischen hoch und nieder, eng und weit, hell und dunkel verschiedene, spannende Atmosphären erzeugen.[27] Im Sommer können die Türen der Aufenthaltsräume an der Südseite komplett geöffnet werden, um den Innenraum zu erweitern. Das verwendete Garagentorsystem erinnert ebenfalls an das Haus in Genf, wobei hier weit auskragende Vordächer das Gebäude vor der Sonneneinstrahlung schützen.

Die gewölbte Deckenstruktur im Inneren lässt auf der begrünten Dachfläche eine Hügellandschaft entstehen, die dadurch nicht als Nutzfläche verloren geht, sondern mit einer Rutsche wieder mit dem unteren Garten verbunden ist.

Konrad Freys Liebe zum Detail ist in den vielen innovativen Lösungen und seiner Begeisterung, Objekten mehrere Funktionen zu geben, spürbar: wie beispielsweise den Heizkörpern, die gleichzeitig als Sitzbank oder auch als Trennwand benutzt werden, dem eigens entwickelten Garderobensystem, dem Mechanismus der Toilettenverriegelung und auch den vielfältigen Oberflächenmaterialien, die den Lärm im Gebäude so gering wie möglich halten sollen. Zur Verwendung

[27] Gabriele Kaiser, Konrad Frey und Helmut Dominikus, Die Durchgängigkeit der Landschaft, in: Architektur aktuell 33, H. 228 (Mai 1999), 108–117, hier 113.

(111) Gewerbehallen Ökopark, Hartberg, 1999–2000, Ansicht von Osten (Foto: P. Fischer, 2010)

von günstigen Materialien, die eine Vielzahl von Einsatzmöglichkeiten bieten, meint der Architekt: „Gute Architektur ist nicht teuer. Was teuer ist, sind die überkommenen Wertvorstellungen, was ein Gebäude alles haben müsse." [28]

Auch bei der Planung der Gewerbehallen Ökopark bei Hartberg (1999–2000) konnte Frey seine Erfahrungen mit alternativen Energiesystemen anwenden (→**111**).[29] Unter den Gesichtspunkten eines niedrigen Budgets, hoher Nutzbarkeit, Nachhaltigkeit und dem Nutzerwohlbefinden sollten Gewerbehallen samt Versorgungseinheiten als Experimentierareal für ökologische Themen errichtet werden. So wurde das gesamte Energiekonzept auf passive Sonnenenergie, natürliche Belüftung und außenliegende Beschattung ausgelegt. Materialien sind teilweise zweckentfremdet oder haben mehrere Gebrauchsmöglichkeiten, so etwa wird die Dachhaut aus Kunststoffmembran über die Giebelwände heruntergezogen, dienen Kokosgewebematten als Witterungsschutz oder sichert ein Tennisnetz die Dachterrasse ab.

Nachdem Frey sein Architekturbüro 2001 schließen musste, wandte er sich wieder verstärkt der Lehre zu. Er nahm Gastprofessuren an der Hongkong University und der TU Wien wahr. Derzeit forscht er an *Low budget architecture* – der Idee, aus preisgünstigen Produkten aus dem Baumarkt eine innovative und zweckmäßige Wohnform zu schaffen.

[28] Frey 1994 (wie Anm. 5), 5.
[29] Konrad Frey, Gewerbeh. Beschr., AKF.

Florian Engelhardt

FUNKTIONALISMUS ODER POSTMODERNE?

Beim ersten Blick auf das Haus Zankel könnte seine äußere Gestalt als expressive Geste verstanden werden, bei der die Form dem reinen Selbstzweck dient. Im Inneren kommt hingegen weniger das skulpturale Erscheinungsbild des Hauses, als vielmehr die Gesamtkonzeption einer funktionsorientierten und zugleich atmosphärischen Architekturhaltung zum Tragen. Diese wiederum wird durch verschiedene architektonische Elemente gebrochen, die postmoderne Zeichen darstellen.

Präfabrikation und Experiment

Bei den konstruktiven Details bestimmt der Verwendungszweck die Form. Diese Betonung der Funktion einzelner Bauteile zeigt sich am Beispiel der abgehängten Eingangsleuchte, den raumtrennenden Schiebeelementen aus Plexiglas oder den Einbauschränken aus Sperrholzplatten. Hier wird Konrad Freys Verständnis von Technik und Konstruktion deutlich: „Viel erreichen mit wenig und mit Geist." [1]
Ähnlich lautet die Philosophie des amerikanischen Architekten Charles Eames: „vom Besten so viel wie möglich, so viel wie möglich für so wenig wie möglich." [2] Eine Gegenüberstellung des Hauses Zankel mit dem *Case Study House No. 8*, dem Wohnhaus von Charles und Ray Eames, veranschaulicht im Hinblick auf konstruktive Prinzipien

[1] Konrad Frey im Gespräch mit StudentInnen der TU Graz, Graz, 12.10.2010.
[2] Diana Murphy (Hg.), Die Welt von Charles und Ray Eames, Berlin 1997, 21.

(112) Charles & Ray Eames, *Case Study House No. 8*, House Eames, Pacific Palisades, Los Angeles, 1945–1949, Ansicht von Süden (Foto: J. Shulman)

und Materialeffizienz diese Haltung. Das sogenannte Eames House (→**112**) wurde in den Jahren 1945 bis 1949 in den südkalifornischen Pacific Palisades nahe Los Angeles errichtet.

Als *Case Study House No. 8* war es ein wesentlicher Teil des Musterhausprogramms, das 1945 unmittelbar nach Ende des Zweiten Weltkriegs von der Zeitschrift *Arts & Architecture* unter der Bezeichnung *Case Study House Program* initiiert wurde. Unter Verwendung von vorfabrizierten Teilen der Industrie sollte nicht nur gutes Design zu minimalen Kosten ermöglicht werden, sondern auch ein Maximum an flexibler Gestaltung. Zielsetzung war die Standardisierung von Gebäudeelementen. Dieses Bestreben macht das *Case Study House Program* und im Speziellen das Eames House zu einem Vorreiter der Nachkriegsmoderne.[3]

[3] Gloria Koenig, Eames, Köln 2005, 3.

Um individuelle Detaillösungen möglichst kostengünstig umsetzen zu können, greift Konrad Frey, einer ähnlichen „Ökonomie der Mittel" folgend, ebenso auf vorfabrizierte Bauteile und Materialien zurück.[4] Laut Frey beschreibt jener Grundsatz der „Ökonomie der Mittel" immer ein bestimmtes „Verhältnis von Qualität zu Aufwand", ohne dabei in die Minderwertigkeit eines bloß billigen Bauens zu geraten.[5] So entwirft er beispielsweise die zentrale Erschließungstreppe im Familientrakt unter Verwendung von Elementen aus dem Gerüstbau. Auch das Problem der Geländerdetails der Treppe im Atrium löst er mit einem standardisierten Verbindungsstück. Anstatt neue Teile zu entwickeln, verwendet Frey ein einfaches, vorgefertigtes Schraubenelement, um die als Verstrebungen dienenden, geschwungenen Stahldrähte in verschiedenen Winkeln an den Geländerpfosten befestigen zu können.
Einen ähnlichen Ansatz, spezifische Details mit einfachen, standardisierten Teilen zu lösen, kann man auch beim Eames House erkennen. Die zwei voneinander getrennten Baukörper bestehen aus einer sichtbaren Stahlskelettkonstruktion und Ausfachungen. Hier sind, wie bei allen übrigen Bauteilen des Eames House, vorgefertigte Elemente verwendet worden, die aus Cemesto-Platten bestehen und einem modularen System folgen.[6] Die industriell produzierte Technologie wird als konstruktives System genutzt, um einen möglichst flexiblen Raum zu schaffen, der die Grundbedürfnisse des komfortablen Wohnens erfüllen kann. Es gelang, die gesamte Struktur mit präfabrizierten Bauteilen zu entwerfen, wobei alle Elemente aus dem Katalog eines einzigen Stahlproduzenten stammen und wie bei einem Baukastensystem zusammengefügt wurden (→**113**).
Charles Eames erläutert seine Überlegungen zur Tragstruktur wie folgt: „Die meisten Baustoffe und Verfahren, die hier zum Einsatz kamen, sind Standards in der Bauindustrie, aber in vielen Fällen nicht üblich für Wohnbauten. Es war nicht schwierig, innerhalb der Struktur, die sich aus den Materialien und Techniken ergab, angenehme Wohn- und Arbeitsräume unterzubringen."[7] Das *Case Study House No. 8* stellt ein frühes Musterbeispiel dar, wie standardisierte Bauteile in ihrer Anpassung an die persönlichen Bedürfnisse im Wohnbau genutzt werden können. Der funktionale Einsatz von möglichst günstigen, vorgefertigten Produkten in Verbindung mit einer individuellen Raumqualität stellt wohl die wichtigste Parallele des Eames House zum Haus Zankel dar.
In vielerlei Hinsicht sind beide Bauwerke vor allem als ein Experiment zu sehen. Am Beispiel der Konstruktion der Südfassade als Sonnenkol-

[4] Konrad Frey im Gespräch mit StudentInnen der TU Graz, Graz, 12.10.2010.
[5] Ebd.
[6] Elizabeth A. T. Smith, Case Study Houses, Köln 2006, 23.
[7] Marilyn Neuhart/John Neuhart, Eames House, Berlin 1994, 35.

(113) Charles & Ray Eames, *Case Study House No. 8*, House Eames, Pacific Palisades, Los Angeles, 1945–1949, Stahlskelettkonstruktion, Ansicht von Westen, © Library of Congress Sammlung, Lucia Eames dba Eames Office

lektor oder auch der Herstellung der Wendeltreppe aus Baugerüstelementen zeigt sich Konrad Freys architektonische Haltung, die schon in der frühen Phase seiner Entwürfe ein Ausdruck der Technikbegeisterung und des utopischen Funktionalismus der 1960er Jahre ist. Doch im Gegensatz zu den Megastrukturen und technisierten Wohnkapseln der *Plug-in City* von Peter Cook setzen sich Freys Projekte immer mit dem örtlichen Kontext beziehungsweise der Verortung oder Nicht-Verortung von Architektur auseinander. Die Nicht-Verortung der Architektur ist besonders gut in seinem Entwurf eines „Kuhmantels" zu erkennen (→**104**). Anstelle eines Kuhstalls schlägt er einen technoiden Anzug für die Tiere vor, der sie mit optimalen Temperaturbedingungen zur Milchproduktion versorgt. Er hinterfragt dadurch die Existenz der Architektur bezogen auf sein Credo der „Ökonomie der Mittel".

Räumliche Komposition und *promenade architecturale*

„Funktion ist einfach das, was man kann – in aller Summe",[8] so Konrad Frey. Bei aller technischen Funktionalität steht beim Haus Zankel jedoch immer auch das Erschaffen eines atmosphärisch gestalteten Raumes im Vordergrund, eines Ortes, mit dem sich der Benutzer identifizieren kann.
In seinem Buch *Zwei Wohnhäuser von Le Corbusier und Pierre Jeanneret* schreibt Alfred Roth über Le Corbusier: „Bei ihm hat die Konstruktion nie Selbstzweck [...]. Die Konstruktion ist ihm stets Mittel

[8] Frey 2010 (wie Anm. 4).

zum Zweck architektonischer Gestaltung."[9] Ähnlich wie bei Le Corbusier unterscheidet die starke Betonung des künstlerischen Aspekts der räumlichen Gestaltung auch Freys Entwürfe von einem rein technischen Funktionalismus.
So lässt das Haus Zankel an die Villa La Roche-Jeanneret aus dem Jahre 1925 denken. Die äußere Form ist bei diesem Haus kein rein ästhetisches Spiel, sondern entwickelt sich vielmehr aus der Konzeption im Inneren. Die Raumanordnung und das Erschließungssystem mit einer Abfolge von Balkonen und Innenhöfen erzeugen das äußere Erscheinungsbild, das auch in einen spezifischen Bauplatz eingepasst werden musste. In ähnlicher Weise entwickelt auch Frey durch Bezugnahme auf die räumliche Komposition im Inneren das Äußere des Hauses, das einer übergeworfenen Hülle gleicht, behutsam in die Umgebung eingefügt.
Ähnlich wie die Villa La Roche-Jeanneret besteht auch das Haus Zankel aus zwei Gebäudeabschnitten, wobei es sich hier nicht um zwei gekoppelte Wohnhäuser, sondern um einen Familientrakt und einen Gästetrakt handelt, deren Achsen in einem leichten Knick zueinander stehen. Beide Teile sind als massive Baukörper durch einen gebäudehohen, transparenten Zwischenraum, das Atrium, getrennt und miteinander verbunden.
Ferner verfügt Le Corbusiers Villa ebenso über eine raumbildende Eingangshalle (→**114**), die sich jedoch nicht zwischen den beiden Einheiten, sondern innerhalb des größeren der zwei Wohnhäuser, dem Teil La Roche, befindet und hier den Wohntrakt vom Atelierbereich trennt. Durch die angebundenen Erschließungssysteme, eine galerieartige Brücke und eine Treppe, welche in einer kleinen Empore gipfelt, verleiht Le Corbusier der Halle einen bühnenartigen, öffentlichen Charakter. Durch die vielfältigen Blickbeziehungen entlang der Wegeführung verweben die einzelnen Elemente den Raum und machen ihn zum Dreh- und Angelpunkt, der die gesamte Komposition zusammenhält.
Ebenso wie die Eingangshalle der Villa La Roche ist auch der transparente Zwischenraum des Hauses Zankel prägend für das architektonische Raumgefüge (→**115**). Als Zentrum des Hauses übernimmt das Atrium viele Funktionen: es dient als Aufenthaltsraum, als mögliche Erweiterungsfläche von *séjour* und Gästewohnhalle wie auch als Teil des Erschließungssystems, das die verschiedenen architektonischen Orte des Hauses zu einem großen Ganzen verknüpft. Wie bei der Villa La Roche spielen auch hier Stiegenlauf und Brücken eine wichtige Rolle.
Sowohl bei der Villa Le Corbusiers als auch beim Haus Zankel stellt die Eingangshalle den Ausgangspunkt einer Raumabfolge dar. In einer inszenierten *promenade architecturale* wechseln sich Einblicke und Ausblicke, Enge und Weite, niedrige, introvertierte und hohe, expo-

[9] Alfred Roth, Zwei Wohnhäuser von Le Corbusier und Pierre Jeanneret, Stuttgart 1977, 20.

(114) Le Corbusier, Villa La Roche-Jeanneret, Paris, 1923–1925, Blick vom 1. Obergeschoss der Galerie auf die Eingangshalle, © VBK Wien, 2013

nierte Raumgefüge ab. Jacques Sbriglio schreibt über die architektonische Wegeführung in der Villa La Roche-Jeanneret: „On entering, the visitor is immediately struck by the architectural show: following a mapped-out route, one discovers an entire world of different plays on perspective. Light floods in, brightening walls here and there, and creating shadows in other parts. The openings provide views out onto the exterior, which in turn offer an architectural unity."[10]

Die *promenade architecturale* schafft bei beiden Bauten anstelle einer Aneinanderreihung einzelner Räume ein durchgehendes, ineinander verwobenes Gefüge und löst auf diese Weise die traditionellen Raumgrenzen auf.

Direkt neben dem Eingang zum Atrium des Hauses Zankel befindet sich ein Handwaschbecken, das Teil einer verspiegelten Nische ist, welche sich aus der Geometrie des dahinterliegenden Toilettenraumes ergibt (→**7**, →**39**, →**40**, →**116**).

Ein Waschbecken in ähnlicher Lage nahe dem Eingang hat Le Corbusiers für die Villa Savoye entworfen (→**117**). Es ist am Fuße der Rampe gelegen, welche den Beginn der *promenade architecturale* markiert. Auch in Konrad Freys Entwurf steht das Waschbecken in engem Bezug zur Treppenanlage und wird zum Ausgangspunkt der Bewegung durch das Haus. Frey nennt die Stelle „magisches Zentrum."

Das Element Wasser stellt in beiden Fällen ein Symbol der Reinigung dar. In Verbindung mit dem Konzept der architektonischen Promena-

[10] Jacques Sbriglio, Le Corbusier, Les Villas La Roche-Jeanneret. The Villas La Roche-Jeanneret, Basel 1997, 30.

(115) Atrium, Blick vom 1. Obergeschoss des Gästetrakts auf den Eingangsbereich (Foto: M. Böllstorf, 2010)

(116) Atrium, Blick von der Galerie des 2. Obergeschosses auf den Eingangsbereich (Foto: M. Böllstorf, 2010)

de, die ein Einfühlen in das räumliche Gefüge bewirken soll, bedeutet die Waschung zu Beginn der Wegeführung eine rituelle Vorbereitung und Reinigung des Geistes von den Eindrücken der Außenwelt, um sich besser auf den Ort einlassen zu können.

Einprägsame Orte

Neben einer starken Bezugnahme auf konstruktive und funktionale Prinzipien zum einen und einer atmosphärisch gestalteten Raumkomposition zum anderen ist das Haus Zankel des Weiteren von verschiedenen Elementen durchzogen, die als postmoderne Zeichen lesbar sind. Christian Thomsen beschreibt die postmoderne Architektur mit den Worten: „Ihre Architektur ist bei Bevölkerung und Bauherren beliebt, weil sie im Gegensatz zur Moderne nicht abstrahiert, sondern wieder Bilder, Geschichte und Geschichten liefert, narrativ und fiktiv ist. Zudem kommt sie mit Ornamenten und Farben daher, setzt sich ab vom nüchternen Weiß der Moderne, stillt Sehnsüchte nach Bequemlichkeit, Ästhetik, heiler Welt."[11]

[11] Ch. W. Thomsen, Experimentelle Architektur der Gegenwart, Köln 1991, 19.

(117) Le Corbusier, Villa Savoye, Poissy, 1928–1931, Blick in Richtung Eingangsbereich des Erdgeschosses auf das Waschbecken (Foto A. Wagner, 2010), © VBK Wien, 2013

Das Waschbecken im Eingangsbereich kann als eines dieser postmodernen Elemente interpretiert werden. Platziert im großzügigen Atrium wird dieser Brunnen zum Zentrum eines „Dorfplatzes", der von den „Fassaden" der beiden Gebäudetrakte links und rechts des Zwischenraums umschlossen wird und einen Ort des Öffentlichen und Repräsentativen darstellt. Zudem bedecken raumhohe Spaliere die Wände, welche laut Konrad Frey hätten bewachsen werden sollen, um das Atrium als Außenraum im Inneren wirken zu lassen.[12]
Indem die Definition von Innen- und Außenraum verschwimmt, folgt Frey einem Haus-im-Haus-Prinzip. Diese Vorstellung eines *space within a space* findet sich etwa im Frühwerk von Charles W. Moore, wie beispielsweise der Sea Ranch (→**118**), einer Wohnanlage aus dem Jahre 1964 an der südkalifornischen Küste nahe San Francisco. Die Sea Ranch besteht aus einer Ansammlung verschiedener Wohneinheiten im Stil der traditionellen Holzarchitektur südkalifornischer Speicher- und Industriebauten. Jede dieser Wohnbereiche besteht aus einem einzigen großen, scheunenartig anmutenden Raum. Innerhalb dieses Volumens befinden sich jeweils zwei freistehende „Häuser", welche zwar im Maßstab größer als die Einrichtung sind, nicht aber Hausformat erreichen und Funktionseinheiten wie Schlafplatz, Küche und Bad beinhalten (→**119**).[13]
Dadurch schafft Moore ein Beziehungsgefüge von Orten mit unterschiedlicher Atmosphäre. Gemäß der Theorie des „einprägsamen Ortes", die den Menschen und seine körperhafte und emotionale Beziehung zur Architektur wieder in den Vordergrund stellt, entstehen vielfältig interpretierbare Räume. Diese spiegeln gleichermaßen die Individualität seiner Bewohner wie auch die Traditionen wider, denen

[12] Konrad Frey im Gespräch mit StudentInnen der TU Graz, Prévessin-Moëns, 22.10.2010.
[13] Vgl. Gerald Allen, Charles Moore, Stuttgart 1981, 35.

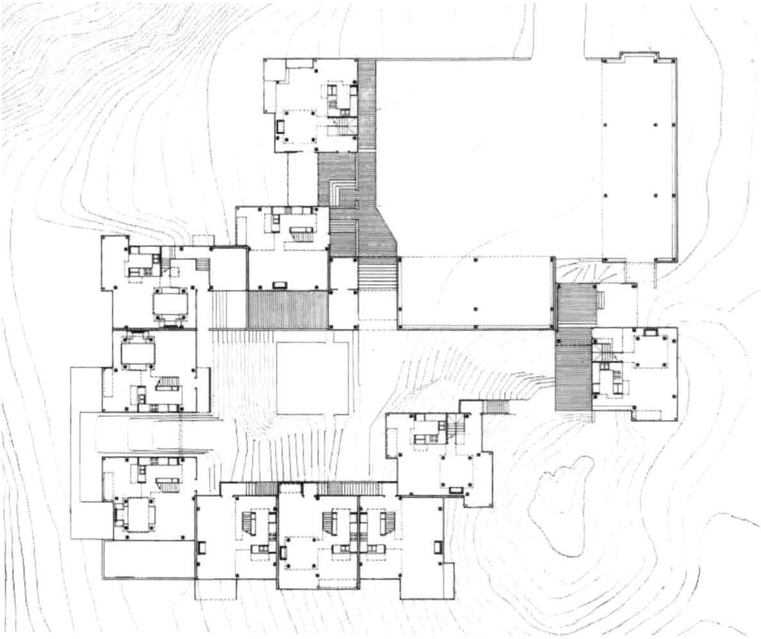

(118) Charles Moore, Sea Ranch, San Francisco, 1964–1965, Grundriss (Plan: Moore, Lyndon, Turnball, Whitaker)

sich diese verbunden fühlen.[14] Für Moore sind einprägsame Orte wesentlich mit dem Dasein des Menschen verbunden, wenn er sagt: „Orte sind Räume, an die wir uns erinnern, für die wir Sorge tragen und die wir zu einem Teil unseres Lebens machen können."[15]
Auch Freys Einsatz postmoderner Elemente erzeugt ein Zusammenspiel verschiedener Stimmungen, wie beispielsweise die inszenierte Treppe und auch das Atrium selbst, die eine bühnenhafte Atmosphäre und ein Gefühl von Festlichkeit, Gemeinschaft und Zusammengehörigkeit vermitteln – ganz im Sinne eines Dorfplatzes. Auch die Treppe hat also, wie schon der Brunnen im Eingangsbereich, mehrere sich überlagernde Bedeutungen: sie dient zum einen als wichtiges raumbildendes Element im Sinne der oben erwähnten *promenade architecturale* und zum anderen als historischer Verweis im Sinne der Postmoderne.

Konrad Frey – ein „postmoderner Funktionalist"

Obwohl das Haus Zankel als nutzungsorientierte Architektur entworfen wurde, setzt es sich deutlich vom Funktionalismus der Moderne ab, welche laut Charles Jencks nicht mit den tatsächlichen Benutzern

[14] Vgl. Kent C. Bloomer/Charles W. Moore, Architektur für den „Einprägsamen Ort", Stuttgart 1980, 11.
[15] Charles W. Moore/Donlyn Lyndon, Ortskenntnis, Basel 1995, 8.

(119) Charles Moore, Sea Ranch, San Francisco, 1964–1965, Wohnraum (Foto: M. Baer)

seiner Architektur in Kommunikation getreten sei.[16] Statt einer puristischen Eindeutigkeit der architektonischen Elemente gibt es hier mehrere, sich überlagernde Bedeutungsebenen. Funktionalität, Assoziationen und Stimmungen verbinden sich, es wird eine Beziehung zwischen Mensch und Ort aufgebaut. Jencks bezeichnet diese Mehrdeutigkeit in der Architektur als doppelten Code, „als eine Kombination moderner Techniken mit etwas anderem (gewöhnlich der traditionellen Architektur), mit dem Ziel, eine Architektur zu begründen, die mit dem Publikum […] kommuniziert." Frey bringt im Entwurf des Hauses Zankel sein eigenes Verständnis von Mensch und architektonischem Ort zum Ausdruck: eine Verbindung zwischen Funktionalität und einprägsamen, atmosphärischen Räumen, die in engem Bezug zum Benutzer und seiner Individualität stehen – ein Funktionalismus des „Ortes".

[16] Vgl. Charles Jencks, Was ist Postmoderne?, Zürich u. a. 1990, 14.

Marlene Bartelme

DAS HAUS ZANKEL UND DIE „GRAZER SCHULE“

Anfänge und Begriffsbildung

Die 1960er und frühen 1970er Jahre sind geprägt von einer Zeit der Revolution und des Aufbruchs in eine neue Ära des Architekturverständnisses. Eine junge Generation strebt danach, mit innovativen Konstruktionen und zukunftsorientierten Technologien eine zeitgemäße, einzigartige Architektur zu schaffen. Eine Architektur im Kontext „aufblühender Jugendkulturen, der Entdeckung eines neuen Freiheitsgefühls und des Aufbrechens alter sozialer Strukturen".[1]
Zu dieser Zeit findet sich in den Architekturzeichensälen der Grazer Technischen Hochschule eine Gruppe von Studenten zusammen, die sich im Selbststudium an den internationalen Diskursen orientiert. Der Gruppe gehören neben Konrad Frey u. a. Klaus Gartler, Heidulf Gerngross, Peter Hellweger, Helmut Richter und Helmut Rieder an, mit Bernhard Hafner als theoretischem Kopf und organisatorischem Leiter. Inhaltlich geht es, wie Anselm Wagner zusammenfasst, „um eine Erweiterung des allzusehr auf das Einzelgebäude fixierten Architekturbegriffs in Richtung urbaner (Mega-)Strukturen. Die Entwürfe bewegen sich in teils utopischen, teils realisierbaren Dimensionen, und siedeln sich im Kontext der internationalen Architekturavantgarde von Archigram bis Yona Friedman an."[2] 1967 bezeichnet der

[1] Peter Blundell Jones, Dialogues in Time. Neue Architektur Graz, Deutsche Übersetzung des Hauptteiles, Graz 2000, 37.

[2] Anselm Wagner, Wie die „Grazer Schule" zweimal erfunden worden ist, in: ders./Antje Senarclens de Grancy (Hg.), Was bleibt von der „Grazer Schule"? Architektur-Utopien seit den 1960ern revisited (architektur + analyse Bd. 1), Berlin 2012, 55–73, hier 60.

Wiener Architekturkritiker Friedrich Achleitner diese Studentengruppe als „Grazer Schule", die er von den um wenige Jahre älteren, bereits praktizierenden Grazer Architekten Eugen Gross, Günther Domenig und Eilfried Huth unterscheidet.[3] Bevor die „Grazer Schule" Bauwerke realisieren kann, verlassen ihre Mitglieder allerdings großteils Graz und gehen nach London (Frey), Paris (Rieder) und Los Angeles (Gerngross, Hafner und Richter).[4] Manche ihrer Ideen werden von den Daheimgebliebenen aufgegriffen, umgewandelt und weiterentwickelt. In den 1970er Jahren macht die Grazer Architektur mit spektakulären skulpturalen Bauten – vor allem von Domenig – von sich reden. Als Achleitner 1981 für die Ausstellung *Architektur aus Graz* einen Katalogessay beisteuert, greift er den Terminus „Grazer Schule" wieder auf, definiert ihn aber nun komplett neu als eine expressionistische, individualistische und skulpturale Architekturströmung.[5] Schließlich weitet Achleitner den Begriff „Grazer Schule" auf alles aus, was in den 1970er und 1980er Jahren an bemerkenswerter Architektur in Graz entsteht, wodurch der Begriff jede programmatische Schärfe verliert.[6] Trotzdem hat sich die Bezeichnung „Grazer Schule" in der letzteren Bedeutung in der Architekturgeschichte durchgesetzt, während die ursprüngliche Definition in Vergessenheit geriet.
Konrad Freys architektonische Grundhaltung ist bis heute vom konzeptionellen Ansatz der Gruppe um Hafner, also der *ersten* „Grazer Schule" geprägt, die vor allem an innovativen technischen Lösungen interessiert war. Es gibt aber speziell beim Haus Zankel auch Bezüge zu Werken anderer, nicht zur ursprünglichen „Schule" zählenden Grazer ArchitektInnen. Einigen dieser unterschiedlichen Querverbindungen soll im Folgenden nachgegangen werden.

Natur und Technik

Die technik- und fortschrittsorientierte Architekturauffassung von Konrad Frey wie auch des Bauherrn Karl Zankel übte einen maßgeblichen Einfluss auf den Entwurf des Hauses Zankel aus. Das Haus wurde als Experiment gesehen, das stark von den unkonventionellen Wünschen des beim CERN angestellten Bauherrn geprägt wurde. Die Schönheit des Baus ergibt sich aus einer gut durchdachten und materialgerechten Konstruktion und Detaillösungen, die der Gesamtstruktur zu ihrer formalen Gestalt verhelfen. Der „Gerätcharakter von Bauwerken im Zusammenhang mit technoiden Strategien",[7] wie Ach-

[3] Vgl. ebd., 59.
[4] Vgl. ebd., 63.
[5] Vgl. ebd., 65 f.
[6] Vgl. ebd., 68–73.
[7] Friedrich Achleitner, Gibt es eine „Grazer Schule"? [1993], in: ders., Region, ein Konstrukt? Regionalismus, eine Pleite?, Basel u. a. 1997, 79–99, hier 81.

leitner diese bei vielen Vertretern der „Grazer Schule" anzutreffende Haltung beschreibt, wird beispielsweise bei der Garage (→**65**), beim hydraulischen Plexiglastor in der Halle (→**1**,→**35**,→**93**) oder bei der aus einem Baugerüstsystem konstruierten Treppe im Familientrakt (→**8**,→**9**) sichtbar. Das Haus Zankel ist aber auch ein Versuch, innovative Systeme zur Energiegewinnung anzuwenden und die natürlichen Ressourcen eines Bauplatzes zu nutzen.[8] Der gesamte Entwurfsprozess, bei dem immer wieder Verbesserungsvorschläge eingearbeitet wurden, lässt die Vermutung zu, dass Konrad Frey „jede architektonische Äußerung als Ergebnis funktioneller Überlegungen sieht – als Antwort auf menschliche Bedürfnisse, zur Erzielung menschlichen Wohlbefindens."[9]

Dem Beispiel der Auseinandersetzung mit der Natur und den topografischen Gegebenheiten folgt auch eine jüngere Architektengeneration wie etwa das Büro Szyszkowitz + Kowalski, welches in seinem Haus über Graz am Rosenberg (1972–1974) einen ähnlichen Naturbezug aufnimmt. Bei dem am Südhang gebauten Einfamilienhaus ist auf ausdrücklichen Wunsch des Bauherrn eine Verbindung mit der Umgebung und der Topografie gesucht worden: „Die Elemente Haus, Hügel und Bäume sollten sich gegenseitig bedingen und zu einem einzigen Thema werden."[10] Formen, Farben und Materialien sind auf die umgebende Situation abgestimmt, sodass das Gebäude einerseits regelrecht aus dem Boden zu wachsen scheint und sich andererseits durch die komplette Verglasung der zentralen Halle nach Süden hin

(120) Szyszkowitz + Kowalski, Haus über Graz am Rosenberg, Ansicht von Südosten, 1972–1974 (Foto: A. Behn, G. Hauer, C. Kandzia)

[8] Vgl. Michaela Böllstorf, Die Haustechnik: Experiment Sonnenenergie, in diesem Band 92–103.

[9] Falk Jaeger/Peter Allison, Standpunkte 94 – Forum Stadtpark Architektur, Ausst.-Kat. Forum Stadtpark, Graz 1994, 40.

[10] Andrea Gleiniger, http://www.szy-kow.at/szy-kow/02_portfolio/02_txt_popup.php?proid=111 (abgerufen am 10.12.2010).

öffnet (→**120**). In ähnlicher Weise sind beim Haus Zankel der teilweise eingegrabene verglaste Sockel im Norden (→**2**) und die transparente Hülle des Atriums Richtung Süden gestaltet (→**3**).

Dynamische Wegeführung

Bei vielen Architekten der Grazer Szene wird dem Eingangsbereich besonderes Augenmerk geschenkt. Er wird als eine Art „Aushängeschild" des Gebäudes begriffen und soll durch seine sinnvolle und eindeutige Lage gleich erkennbar sein, um die Besucher ins Innere des Hauses zu ziehen. Dynamik wird im Haus Zankel zum einen durch die nicht ganz mittige Lage der Eingangstür im Norden erzielt (→**2**,→**26**, →**39**), die, würde sie genau zentral sitzen, eine durchgehende Achse mit dem auf der gegenüberliegenden Seite des Atriums gelegenen Plexiglastor bilden und damit das Haus optisch durchschneiden würde. Zum anderen verstärkt das einem geschwungenen Weg folgende Verlegeschema der Steinplatten und das Spiel mit den Niveauunterschieden des Geländes die Hinführung zum Eingang. Die Zugangssituation wird auch durch schräggestellte farbige Streifen an den beiden Begrenzungswänden, die durch ihre Neigung auf die Tür verweisen, weiter betont.

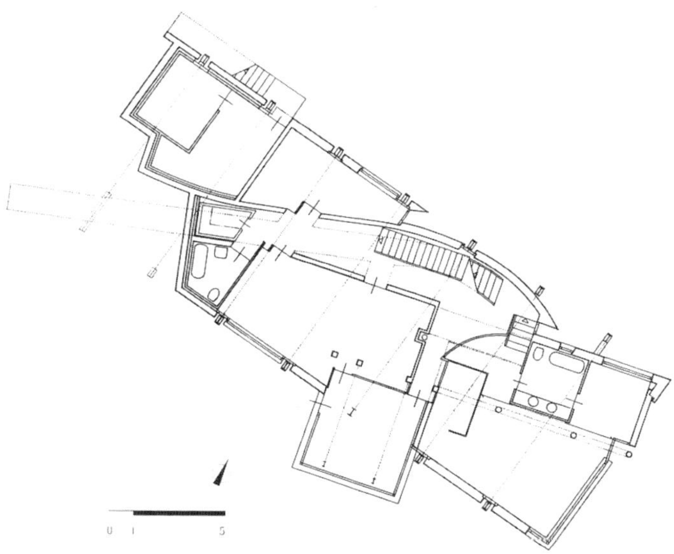

(121) Hermann Eisenköck, Haus Eisenköck, Graz, 1986–1988, Grundriss Erdgeschoss

Vergleichend wäre hier Hermann Eisenköcks Haus in Graz (1986–1988) zu erwähnen. Wiederum ermöglicht die Hanglage einen abgetreppten Grundriss (→**121**), der sowohl mit Höhenunterschieden im Innenraum wie auch im Außenbereich spielt. Einzelne Geschosse gehen ineinander über, die Niveaudifferenzen markieren durch die

geschickte Setzung von Wänden und Treppen den Wechsel zwischen den einzelnen Wohnbereichen. Zu Beginn gelangt man über eine gerade Rampe in einen Vorraum, der durch seine geschwungene, fast schneckenförmige Ausbildung den Besucher nahezu in das Haus zu ziehen scheint. In ähnlicher Weise verwendet auch Konrad Frey beim Haus Zankel geschwungene, dynamische Formen zur Hinleitung, allerdings enden diese hier im Inneren des Gebäudes und münden im strengen Schema der beiden Seitenteile. Trotzdem wird bei beiden Projekten, etwa durch die Position der Rampe beim Haus Eisenköck oder durch den gepflasterte Weg beim Haus Zankel die Bedeutung des Eintretens gegenüber anderen Funktionen hervorgehoben.
Der leichte Knick im Grundriss des Atriums, der das Haus Zankel nach Süden hin öffnet, verstärkt die Trichterwirkung des Zwischenbereichs. Die Strenge des Schemas der zwei Hausteile wird aufgebrochen, sodass der Raum fließender und in sich harmonischer wirkt. Durch die Anbringung rautenförmiger Spaliere an den begrenzenden Wänden des Atriums sowie das vorherrschende Bodenmuster wird optisch noch zusätzlich jede parallel erscheinende Achse im Raum aufgehoben (→**4**,→**5**). Dadurch erhält die Schrägstellung der Wände auch in der dritten Dimension eine nicht minder expressive Ausformung.
In *Standpunkte 94 – Forum Stadtpark Architektur* wird dieser gestalterische Zugang einiger Vertreter der „Grazer Schule" wie folgt charakterisiert: „Die subtile Durchdringung der Raumgeometrie und Öffnung, die verblüffend klaren, bei Licht gesehen sorgsam ausgetüftelten Grundrisskonfigurationen, der bewusste Zugriff auf Materialien, der sichere Umgang mit Kubaturen und Proportionen erzeugen eine selten eindringliche Beredsamkeit des Bauwerks."[11]

Billiges Material

Schon bei seinen ersten Bauten experimentierte Konrad Frey mit Materialien, die für Architektur als zu banal und minderwertig galten, ästhetisch unbeachtet und billig erschienen, aber die durchaus ein technisches Potenzial besitzen. Gerade die Kombination aus unterschiedlichen Materialien und Texturen erzeugt Spannungen im Gebäude, die den individuellen Charakter der Räume hervorhebt. Auch der Einsatz von bereits vorgefertigten Bauteilen sind dem Architekten ein Anliegen, um „viel mit wenig zu erreichen – aber dafür mit Geist".[12] Denn „nicht die ästhetische Komponente des Materials allein spielt die entscheidende Rolle. Was aus der Industrieproduktion preiswert zu haben ist

[11] Jäger/Allison 1994 (wie Anm. 9), 14.
[12] Konrad Frey beim Symposium „Was bleibt von der Grazer Schule?", TU Graz, 12.11.2010.

(122) Richter-Gerngross, Haus Königseder, 1977–1980, Baumgartenberg/Oberösterreich (Foto: F. Zankel, 2011)

und sich nach einiger Prüfung eignet, wird als Material eingesetzt."[13] Diesen Standpunkt vertrat auch das Büro Gerngross-Richter, welches das Einfamilienhaus Dr. Königseder im oberösterreichischen Baumgartenberg 1977–1980 ebenerdig um einen Ordinationstrakt und eine Hausapotheke erweiterte (→**122**). Dem bestehenden Massivbau aus den späten 1950er Jahren sollte eine leichte Konstruktion begegnen, die großteils aus vorgefertigten Industrieprodukten, wie den Aluminiumfassadenschalen als Wand- und Deckenelementen, besteht. Viele Projekte von Heidulf Gerngross sind „aus einer Praktikabilität entwickelte Träume, Argumente [dafür], dass die Architektur des Wohnens

(123) Sperrholzdecke und Materialübergang in Wohnzimmer und Küche (Foto: M. Bartelme, 2010)

[13] Dietmar Steiner (Hg.): 13 Standpunkte zur Grazer „Schule". Architektur-Investitionen, 3. Aufl. Graz 1986, o. P.

(124) Volker Giencke, Haus Benedek, Graz, 1987–1988, Ansicht von Norden (Foto: Archiv V. Giencke), © VBK Wien, 2013

in einem endlosen Spiel der Vielfalt auch aus einfachen ökonomischen, konstruktiven und raumorganisatorischen Mitteln entstehen kann."[14] Der Einsatz solch vermeintlich einfacher Materialien, ihre Kombination untereinander und die daraus resultierende ästhetische und funktionelle Qualität sind bei Frey vornehmlich rational bedingt. Erst durch den Nutzer kommt die irrationale Komponente hinzu, die das Gebaute erst zu einem (Lebens-)Raum werden lässt.

Im Haus Zankel sind das etwa Kistensperrholz, welches als Verkleidung von abgehängten Decken und Wandelementen wie auch bei Möbeln verwendet wird (→**123**), oder auch Stegdoppelplatten, die als bewegliche Raumteiler fungieren (→**61**).

Wird das Material Holz im Haus Zankel eher im Innenraum als Verkleidungselement eingesetzt, bestimmt es bei Freys Haus Fischer am Grundlsee (1972–1977) die Gebäudehülle (→**105**) und taucht in dieser

(125) Volker Giencke, Haus Benedek, Graz, 1985–1986, Grundriss des Erdgeschosses und des 1. Obergeschosses

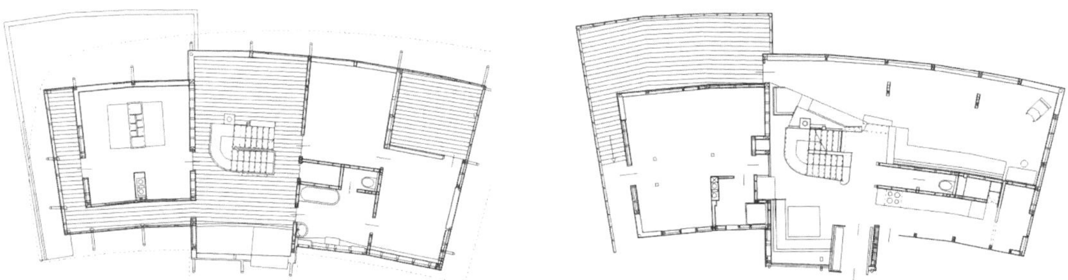

[14] Friedrich Achleitner, Heidulf Gerngross: Um- und Neubau der Hauptschule Kleine Sperlgasse, 1020 Wien, oder eine Hommage an Friedrich Kiesler, in: wimmer cooper gerngross, Ausst.-Kat. Künstlerhaus Wien, 2001, o. P.

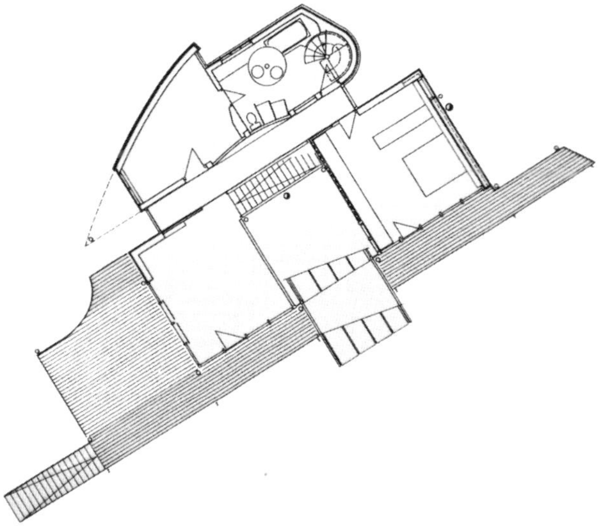

(126) Klaus Kada, Haus Praun, Graz, 1985–1986, Grundriss 1. Obergeschoss

Verwendung beim Haus Benedek (1985–1986) von Volker Giencke wieder auf (→**124**), wo es durch die Qualität des verwendeten Holzes eine etwas andere formale Erscheinung des Gebauten hervorruft. Die einheitliche Konstruktion aus Holzlatten mit dem dominanten, begrünten Pultdach und eingelassenen Kippfenstern erscheint im Vergleich zum Haus Zankel mit seiner kontinuierlichen Haut aus Bitumenschindeln und Plastikfolien weniger technoid.
Wenngleich sich auch die äußeren Hüllen der beiden Gebäude stark voneinander abgrenzen, bestehen in der Grundrissausbildung Ähnlichkeiten (→**125**). Der zentral gelegene Eingangsbereich mit Vertikalerschließung findet sich in beiden Projekten, allerdings erfolgt bei

(127) Klaus Kada, Haus Praun, Graz, 1985–1986, Perspektive von Süden (Foto: A. Kaunat)

Frey die Öffnung des Grundrisses nach Süden hin durch einen in der Eingangsachse liegenden Knick, bei Giencke durch eine leichte Kurve, welche die zwei Flügel des Gebäudes verbindet und zugleich trennt.

Glas und Spiegel

Ein weitere Gemeinsamkeit vieler Bauten der Grazer Architekturszene liegt im bevorzugten Einsatz von Glas und anderen transparenten Materialien. Sie bringen nicht nur Licht in das Gebäude, sondern lassen die Konstruktion auch leicht und schwebend erscheinen. Auch geben sie den Blick auf Befestigungskonsolen, Abspannungen und Verschraubungen frei, gemäß der technikbegeisterten Haltung der „Grazer Schule": „Die Kombination der Doktrin der Montage industriell gefertigter Komponenten mit einer starken Artikulierung wiedererkennbarer Teile ist typisch für die *Neue Architektur Graz*," schreibt Peter Blundell Jones.[15]
Das zweigeschossige Haus Praun von Klaus Kada besitzt ebenso wie das Haus Zankel einen verglasten Erschließungsraum, der jedoch im Unterschied zu Freys Entwurf nicht Ost- und Westteil, sondern den Nordtrakt vom Südtrakt trennt (→**126**). Er wird nach außen wie auch nach innen als transparenter Körper erlebbar, der neben seiner klimatischen Funktion als Wintergarten eine Erweiterung des Wohnraumes darstellt.[16] Zwar teilt er den Baukörper axial in zwei Flügel, doch schließt diese Gliederung keine Funktionstrennung mit ein (→**127**).
Der Werkstoff Glas war und ist ein Ausdruck für die Leichtigkeit, Freiheit und Ungebundenheit der Grazer Architektengeneration, wie es vor allem an den Entwürfen von Giencke, Richter-Gerngross und Frey abzulesen ist. Eine möglichst geringe Materialstärke, eine fast schwebend anmutende Konstruktion und der Kontrast zu Trägern aus Stahl und Aluminium formen das charakteristische Bild dieser Bauten. Aber auch der „kristallinen" Architektur mit der Verweigerung des rechten Winkels wurden durch den Einsatz von Glas weitere expressive Ausdruckmöglichkeiten gegeben.
Das Element des Spiegels wird im Haus Zankel immer wieder aufgegriffen. Durch die geschickte Positionierung besitzt ein Spiegel nicht nur die Eigenschaft etwas wiederzugeben, sondern dieses auch zu verwischen und die Raumgrenzen durch unendliche Vervielfältigung aufzulösen. Im Gästebad wird durch die Lage der Spiegel an den Wänden der Raum visuell vergrößert und entgrenzt (→**10**). Beim Brunnen im Eingangsbereich wiederum werden spiegelnde Seitenflächen der Nische dazu verwendet, den Ansatz des steinernen Prismas zu einem Säulenstumpf zu vervollständigen (→**7**, →**39**,→**40**).

[15] Blundell Jones 2000 (wie Anm. 1), 39.
[16] http://arch-kada.allsite.com/allsite_prod1/ContentView/17/FrontEnd?pageId=22586 (abgerufen am 12.12.2010).

Der Spiegel übernimmt in der Grazer Architekturbewegung laut Dietmar Steiner aber auch die Rolle, die absolute Existenz des Schöpfer-Architekten zu kritisieren – gefordert wird die ebenso totale Existenz des Benutzers, dem kein Spiegel, sondern nie zuvor Gesehenes und Erlebtes vorgehalten werde. Somit wirkt er als Medium der Reflexion des Kontinuums von Zeit und Leben, kritisiert die wiederkehrenden Stilelemente traditioneller Epochen und fordert somit die Öffnung für eine völlig neue, innovative und zeitgenössische Architektursprache.[17] Diese Metapher ist wie andere Haltungen der „Grazer Schule" vieldeutig auslegbar und verrät einen postmodernen Ansatz, der in der Grazer Szene im Vergleich zu Wien sonst kaum anzutreffen ist. Prämoderne Traditionen müssen demnach nicht überwunden werden, sondern können weiterentwickelt werden. Diese werden aber meist zweckentfremdet oder erfüllen ironisch verwendet nicht zwingend eine Funktion. Hier zu erwähnen wären die Rundbogenfenster der Schiebetüren im Atrium des Hauses Zankel (→**4**) oder das traditionell anmutende Fenster im Gästezimmer (→**5**).[18]
So werden historische Elemente mit zeitgenössischen Konstruktionen gemischt, um sie mit der individuellen Formensprache des Architekten zu verknüpfen und einen kritischen Ansatz zum allgemein anhaltenden Kampf „gegen den Sargdeckel der touristischen Bilderproduktion" und „der kreativen Deutung einer Zeit, einer Epoche" zu erschaffen.[19]

[17] Vgl. Steiner 1986 (wie Anm. 13), o. P.
[18] Vgl. dazu Florian Engelhardt, Funktionalismus oder Postmoderne?, in diesem Band 134–143.
[19] Steiner 1986 (wie Anm. 13), o. P.

Ina Rebhandl

INTELLIGENTER PROTOTYP IN SELBSTBAUWEISE

Das Haus Zankel im Kontext der experimentellen Architektur der 1970er Jahre

Müsste man das Haus Zankel einer architektonischen Strömung zuordnen, könnte dies zum einen mit Blick auf die Fülle an funktionalen Details und auf die Verwendung von kostengünstigen, doch leistungsstarken Materialien geschehen, zum anderen aber auch hinsichtlich der formalen Vielschichtigkeit und spielerisch wirkenden postmodernen Verweise. Schließlich spielt auch eine alternative Energiegewinnungsmethode auf Basis von Luftkollektoren eine zentrale Rolle im Entwurf.

Ökonomie und Effizienz

In der architektonischen Aufbruchstimmung der 1970er Jahre beschäftigte sich Konrad Frey abseits von rein formalen Überlegungen mit der Entwicklung von intelligenten, ökonomischen Konstruktionen und Detaillösungen. Diese funktionale, nutzerorientierte Herangehensweise sollte jedoch nicht zur Gänze auf „postmoderne Spielereien" verzichten, was Frey mit seiner Aussage „der Moderne ein Hax'l stellen" bestätigt.[1] Dennoch ist der Architekt – sicherlich nicht zuletzt wegen des zu jener Zeit aufkommenden Bewusstseins für die Ressourcenknappheit nach der ersten Ölkrise von 1973 – immer ein Verfechter der wirtschaftlich günstigen Bauweise geblieben. Eine ähnliche Einstellung findet sich in frühen Werken von Frank O. Gehry, der sogar die Auseinandersetzung mit einem begrenzten Bud-

[1] Konrad Frey im Gespräch mit Ina Rebhandl, Hart bei Graz, 13.10.2010.

(128) Frank O. Gehry, Gehry Residence, Santa Monica, Kalifornien, 1977–1978, 1991, Ansicht von Osten (Foto: T. Kitajima)

get, aus dem heraus der Druck entsteht, billige Alternativlösungen zu finden, zu seinen Stärken zählt.[2] Als Gehry 1977–1978 sein eigenes Haus in Santa Monica in Kalifornien plante, konzentrierte er sich auf die Verwendung von Materialien wie Wellblech, Sperrholz und Drahtgeflecht (→**128**). Seine Herangehensweise an den Entwurf war, das kleine bestehende Einfamilienhaus mit diesen unkonventionellen Baustoffen nach und nach zu ergänzen, sodass um das Haus eine zweite Hülle entstand, die mit dem Bestand einen Dialog einging.[3]
Auch beim Haus Zankel, dessen Planung zur selben Zeit begonnen wurde, waren ungewöhnliche, günstige Materialien wie Bitumenschindeln und Stegplatten aus Carbonat wesentliche Elemente für die Gestaltung. Die Offenheit für Neues, die der Bauherr Karl Zankel an den Tag legte, ermöglichte es Frey, seine teils sehr experimentellen Ideen zu realisieren. Besonders im Haus Zankel, aber auch in einigen anderen Bauten wie dem Sonnenhaus Fischer am Grundlsee, experimentierte der Architekt mit verschiedenen Sperrholzplatten, wie man sie von Transportkisten kennt (→**44**, →**50**). Für die abgehängten Decken in den Wohnräumen wurde z. B. Pappel-

[2] Vgl. Frank Gehry und seine Architektur, Ausst.-Kat. Walker Art Center, Minneapolis, Basel 1989, 176.
[3] Vgl. ebd., 32 f.

sperrholz verwendet, das zwar weich ist, doch aufgrund der geringen Belastung den Anforderungen gut entspricht. Frey reagiert, ähnlich wie Gehry, auf „Beschaffenheit, Materialien und Umgebung", wodurch eine gewisse „scheinbar ungeordnete Zufälligkeit" entsteht.[4] Doch tatsächlich überlässt er nichts dem Zufall, denn seine Intention ist es, durch die sorgfältige Auswahl der Materialien die größte Effizienz mit den günstigsten Mitteln zu erreichen. Mit der Idee des „Effizienzprinzips" oder der „Ökonomie der Mittel" beschäftigt sich Frey laut eigener Aussage seit „eh und je".[5] Er selbst versteht darunter „die Planungsstrategie, gestellte Anforderungen, wie komplex auch immer, an das Produkt Gebäude mit dem geringstmöglichen Aufwand (an Material, Kosten, Zeit, aber auch formalem Getue) zu erfüllen".[6] Beim Haus Zankel waren daher nicht nur die eingesetzten Baustoffe, sondern vor allem die Effizienz in der Verarbeitung wesentliche Faktoren. Ein eindrucksvolles Beispiel für dieses Konzept ist die Treppe im Familientrakt (**→8**,**→9**), die aus einem Rohrgerüstsystem besteht, um eine (bis heute übliche) aufwändige und kostentreibende Sonderanfertigung zu umgehen. Ähnliche Ideen wurden u. a. schon von Jean Prouvé umgesetzt, dessen Arbeiten zum Großteil zwischen 1920 und 1960 entstanden und immer zuerst *funktionierten*, also ökonomisch in Herstellung und Ausführung sein sollten. „Wenn's danach noch schön aussieht, hab ich richtig gedacht", paraphrasiert Frey den französischen Designer und Konstrukteur, der neben Cedric Price zu seinen großen Vorbildern zählt.[7]

Prouvé, dessen Interesse der Übertragung effizienter Produktionsweisen der Industrie auf die Architektur galt, hatte ebenso wie beispielsweise Nicholas Grimshaw und Norman Foster eine starke Affinität zum Ingenieurwesen. Deshalb war für diese Architekten vor allem die Aufmerksamkeit für das Material selbst, dessen konstruktive Leistungsfähigkeit und gestalterischen Qualitäten, zentral.[8] Grimshaw, dessen Vater Luftfahrtingenieur war, zeichnete 1968 für sein erstes Projekt, den Service Tower des Studentenhostel in Paddington in London, sämtliche Details selbst, besuchte die beauftragten Firmen und entwickelte so ein besonderes Gespür für die Entstehung und Qualität der Produkte.[9] Er beschäftigte sich mit den spezifischen Anforderungen, die an ein Bauteil gestellt werden, um die Leistungsfähigkeiten der verschiedenen Elemente optimal aufeinander abzustimmen. Beispielsweise entwarf Grimshaw für die Wiltshire Radio Station in Wootton Bas-

[4] Ebd., 46.
[5] Konrad Frey im Gespräch mit Ina Rebhandl, Graz, 01.12.2010.
[6] Konrad Frey im Gespräch mit Ina Rebhandl, Graz, 02.12.2010.
[7] Konrad Frey im Gespräch mit Ina Rebhandl, Graz, 07.12.2010.
[8] Vgl. Colin Amery, Architecture, Industry and Innovation. The Early Work of Nicholas Grimshaw and Partners, London 1995, 34; Francois Chaslin/Frédérique Hervet/Armelle Lavalou (Hg.), Norman Foster. Beispielhafte Bauten eines spätmodernen Architekten, Stuttgart 1987, 29.
[9] Vgl. Amery 1995 (wie Anm. 8), 9 f.

sett, einem Projekt von 1982, zur Verbesserung der Akustik mit Sand gefüllte Paneelboxen, die auf dem Betonfundament befestigt wurden.[10] Hier wird eine starke Gemeinsamkeit zu Konrad Freys erfindungsreicher Nutzung von Materialien und deren Eigenschaften deutlich. Ähnlich sucht Norman Foster „weniger die Inspiration in der Architektur der Vergangenheit als in ihren Techniken und ihren Ingenieurbauwerken".[11] Er lehnt formale Entwurfskriterien ab und „lässt das Skelett unter dem Fleisch hervorkommen".[12] Wichtig sind weniger die greifbaren als die fühlbaren Eigenschaften des Raumes wie „Licht-, Material-, Geräusch-[…] Empfindung, die alle Sinne an- spricht".[13] Betritt man das Atrium des Hauses Zankel, kann man eine ähnliche Herangehensweise bei Frey vermuten, da dieser Bereich von einem überdimensionalen „Fischskelett" überdacht wird, dessen Materialeigenschaften ein akustisches und visuelles Erlebnis erzeugen (→**41**,→**63**).

Do-it-yourself und *Soft Technology*

Beinahe zeitgleich mit den Entwicklungen in England entstand in Amerika eine alternative Kulturszene, die in *Do-it-yourself*-Bauweise ebenso zu einer Art ursprünglichen Bauens zurückkehrte: „Auf der Suche nach einer menschlicheren Welt" versuchten sich in diesen Bauwerken auch oft nicht handwerklich ausgebildete Menschen gleichzeitig als Architekten und Ausführende.[14] Eine *Do-it-yourself*-Methode wurde auch während der siebenjährigen Bauzeit im Haus Zankel angewandt, in der einige angelernte Arbeiter wirkten, die sich ihre Fähigkeiten erst während des Baus aneigneten. Während ihres Aufenthalts bewohnten sie das Haus und siedelten von einem fertiggestellten Raum zum nächsten.[15] Dieses Zusammenleben hatte zwar nicht jenen ideellen Hintergrund wie die amerikanische *Do-it-yourself*-Bauweise und Hippie-Kultur, deren Antrieb unter anderem in der Revolte gegen den Raubbau an der Natur, in der „Abkehr von seelenlosen Städten, sterilen Betonsilos" und dem verschwenderischen Umgang mit Ressourcen bestand. Dennoch entwickelte sich eine Art kommunenhaftes Zusammenleben zwischen den Arbeitern und dem Bauherrn – ein *work in progress*, wie man es auch vom Bau der *Hippie Domes* in den USA kennt (→**129**).[16]

[10] Vgl. ebd., 132.
[11] Alastair Best, Einer der letzten Modernen, in: Chaslin/Hervet/Lavalou 1987 (wie Anm. 8), 25.
[12] Francois Chaslin, Ein eiserner Wille, in: Chaslin/Hervet/Lavalou 1987 (wie Anm. 8), 15.
[13] Chaslin/Hervet/Lavalou 1987 (wie Anm. 8), 35.
[14] Wolfgang M. Ebert, Home sweet Dome. Träume vom Wohnen, Frankfurt/Main 1978, 5.
[15] So Helmuth Fritz, einer der von Karl Zankel angeheuerten Arbeiter, im Gespräch mit StudentInnen der TU Graz, Graz, 24.11.2010.
[16] Ebert 1978 (wie Anm. 14), 5.

(129) Kuppelbauten in Drop City, Colorado, 1966 (Foto: W. M. Ebert)

Diese Häuser waren die übliche Baukonstruktion der Szene und bestanden aus einer geodätischen Kuppel; eine Form, die von Richard Buckminster Fuller inspiriert war, der die Kuppelkonstruktion für die „rationalste Bauweise" hielt[17] und die auch Frey sehr schätzte. Ein beliebter Baustoff der Hippies war Adobe (Ziegel aus sonnengetrocknetem Lehm und Stroh), aber auch Holz und recycelte Baustoffe wie Bleche, Ölkanister und Glas wurden je nach Verfügbarkeit und funktionalem Bedarf verwendet. Besonders wichtig war beim Entwurf jedoch das Experimentieren mit „Soft Technology, der Nutzung sauberer Energiequellen wie Sonne und Wind".[18] Die Nutzung der *Soft Technology*, hier der Sonnenenergie, war auch beim Haus Zankel eines der Hauptziele des Entwurfs. Die Südseite sollte als Luftkollektor funktionieren, der warme Luft in der Rollierung unter dem Fundament speichert und bei Bedarf abgibt. Ähnlich arbeitet das Steve Baer House in Corrales in New Mexico, ein 1971–1972 in der Wüste errichtetes Solarhaus, das 90 Prozent der Energie durch die Sonne gewinnt und diese Wärme in 90 Ölfässern, die mit jeweils 200 Litern Öl gefüllt sind, speichert. Die Fässer befinden sich direkt in der Wand und werden bei Sonneneinstrahlung freigelegt, um später die aufgestaute Wärme an die Wohnräume abzugeben (→**130**).[19]
Auch das Unit 1 in First Village nahe Santa Fe in New Mexico von Wayne und Susan Nichols aus dem Jahr 1976 gewinnt 70 Prozent der benötigten Energie von der Sonneneinstrahlung, indem Glasflächen die Wärme ins Innere des Hauses leiten, wo sie über die Luft in den Keller, der mit 40 Tonnen Fels aufgefüllt ist, weitergeführt wird (→**131**).

[17] Ebd., 10.
[18] Ebd., 6.
[19] Vgl. ebd.

(130) Steve Baer, Steve Baer House, Corrales, New Mexico, 1971–1972, Ansicht von Südwesten (Foto: W. M. Ebert)

(131) Wayne und Susan Nichols, Unit 1, First Village bei Santa Fe, New Mexico, 1976, Ansicht von Süden (Foto: W. M. Ebert)

Das Haus Zankel ist nicht zuletzt aufgrund seines alternativen Energiegewinnungssystems ein sehr experimenteller Bau, man könnte sagen ein Prototyp und Laboratorium für weitere Bauten dieser Art, das den am Bauprozess Beteiligten ermöglichte, Neues auszuprobieren. Obwohl einige Ideen aufgrund von Mängeln bei der Herstellung nur für kurze Zeit funktionierten, beeindruckt der in jedem Detail steckende Erfindergeist noch heute. In dieser Hinsicht stellt das Haus Zankel ein herausragendes Beispiel für jene Architekturexperimente der 1970er Jahre dar, die eine ökologische und ökonomische Alternative zum herkömmlichen Wohnbau suchten.

IMPRESSUM

Dieses Buch erscheint als Band 2 der Reihe
architektur + analyse,
herausgegeben von Anselm Wagner,
akk Institut für Architekturtheorie, Kunst- und Kulturwissenschaften der TU Graz

Gedruckt mit freundlicher Unterstützung durch das Rektorat der TU Graz und
Karl Zankel, Thörl

Herausgeber: Anselm Wagner, Ingrid Böck
Lektorat: Karolin Wolf
Grafisches Konzept: Susanne Rösler
Gestaltung und Satz: Toni Levak, Ramona Winkler,
unter Mithilfe von Michaela Böllstorf, Florian Engelhardt, Elisabeth Gaenge
Bildredaktion: Florian Engelhardt, Toni Levak
Lithografie der Farbabbildungen: Bild1Druck, Berlin
Druck und Bindung: GRASPO CZ, a. s., Zlín

Titelfoto: Peter Eder, Haus Zankel bei Genf, Ansicht von Nordosten, 1985

Bibliografische Information der Deutschen Nationalbibliothek
Die Deutsche Nationalbibliothek verzeichnet diese Publikation in der Deutschen Nationalbibliografie; detaillierte bibliografische Daten sind im Internet über http://dnb.d-nb.de abrufbar.

jovis Verlag GmbH
Kurfürstenstraße 15/16
10785 Berlin

www.jovis.de

ISBN 978-3-86859-216-0